如何让孩子主动学习

这才是有效的刻意练习

圆爸旭旭◎著

台海出版社

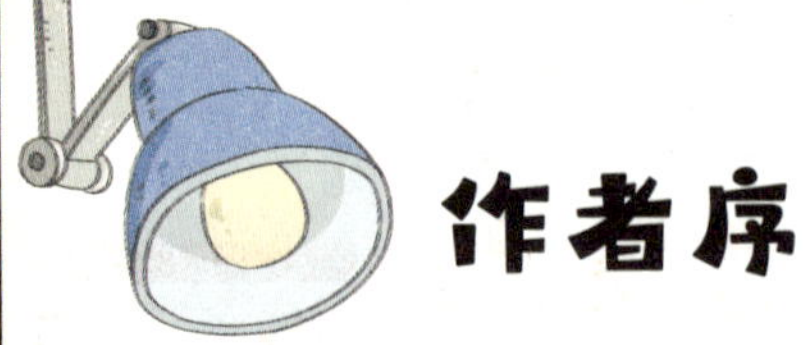

作者序

作为一名有着二十年教龄的老教师，我并不认为自己是“老师中的长者”，我只是一个见证了无数学生和家长“成长与困惑”的观察者。回顾这二十年的教育历程，我深刻地感受到，现在的教育得到了前所未有的重视，家长们也越来越趋近于“学习管理专家”，商店里可供学生们选用的学习工具琳琅满目。然而，尽管拥有这些便利条件，许多孩子依然在学习上面临瓶颈，始终难以突破。那么，究竟是什么原因导致了这种现象呢？

针对这个问题，我来分享几个常见的现象：有的学生说“我家房子多，有钱，为什么还要学习”；有的学生认为学习就像打怪升级一样，充满困难和挑战；有的学生每天埋头苦学，拼命努力，但成绩似乎总是与付出不成比例。难道家庭条件好，就可以不思进取吗？难道有些学生真的是天赋不够，或者他们“天生不行”吗？事实并非如此。阻挡他们前进的，其实是“方法”和“心态”。

比如全红婵，大家都称她为“天才少女”，但她自己曾经说过：“我不是天才，我只是每天做四百多个跳水动作，一遍一遍地练。”这就是所谓的“刻意练习法”——通过有目的、有计划的反复训练，最终实现突破，获得超乎常人的成就。很多优秀的人并不是天生具有某种神奇的天赋，而是通过日复一日的努力，磨炼出了属于自己的能力。

本书的核心理念就是要告诉每一个学生：学霸与普通学生之间的差距，并不在于天赋，而在于是否能够持之以恒地进行“刻意练习”。学习持续进步的关键不是你有多聪明，而是你能否掌握正确的学习方法，是否能坚持用科学的方法高效学习。这条路上没有捷径，有的只是不断地努力和自我调整。

这本书将引导你走出困境，帮助你摆脱拖延、痛苦和迷茫，找到适合自己的学习方法，提升学习效率，实现学业突破。我们将一起探讨如何设定目标、调整心态、掌握高效的学习技巧、保持专注，克服学习上的各种瓶颈。你将学会如何像玩游戏一样享受学习过程，在学习的道路上不断前进，最终收获出乎意料的优异成绩。

准备好了吗？让我们一起开始这段属于你的学霸之旅吧！

目录

第1部分 刻意练习法的厉害之处

第2部分 好状态是可以刻意练习的

第3部分 立对目标，学习不累

第4部分 好习惯助力好成绩

第5部分

刻意练习突破学习停滞期

第6部分

学霸都是“方法控”

第7部分

保持动机，长期坚持

第1部分

刻意练习法的厉害之处

学霸是天生的吗

你是不是常常困惑：为什么学霸面对老师的提问总能对答如流？你是不是总是好奇：为什么学霸的学习劲头一直那么足？你是不是经常疑惑：学霸天生就擅长学习吗？

其实，学霸不是天生的，而是有一套独特的养成秘籍。学会了这套秘籍，你也可以成为学霸。

❶ 我们的问题

从没想过自己也可以成为学霸，在学习上没有明确的目标，当然也不会对自己的现状进行客观的分析，不清楚自己目前的学习困难是知识性的还是能力性的，抑或是认知上的。

❷ 我们的误区

我们更容易看到别人取得了好的学习成果，却忽略了别人取得成果的过程。一味抱怨自己的运气不好，考试遇到的题目恰恰是自己不熟练的部分，却不愿意承认自己的学习方法需要改进。

❸ 学霸的做法

学霸不是一下子就成为学霸的，他们依赖于超强的信息抓取能力、明确的目标、持之以恒的执行力、良好的心态、强大的控制力及高效的学习方法等。学霸清醒地知道人生没有一步登天这回事，好结果是通过正确合理的方法一步一个脚印获得的。

学霸养成秘籍

第 1 步：超强的信息抓取能力

在学习过程中，学霸们不仅能迅速把握课堂知识的关键点，还能保持高度集中的注意力，从而提高听课效率。研究显示，信息抓取能力和专注力对学习成绩的影响远远大于智商的影响。有些同学并不是班级里最聪明的，但他们通过集中注意力和有效记笔记，能够更好地理解复杂的知识。这种信息抓取能力和专注力使他们在考试中表现突出，成绩远远超过其他同学。

学霸们不仅有长远的大目标，也会安排每天非常具体的小目标。他们对自己在学习上出现的问题极其敏感，并不断寻求改进。例如，他们发现了自己在解某个类型的题时经常出错，便会主动请教老师并寻找相关的学习资料。同时，他们会认真分析错误的原因，并调整学习策略，确保这些错误不会再出现。

第 3 步：心态好，不内耗

积极主动的学习心态就像明媚的阳光，能够照亮你的学习之路，让你更加自信、坚定地迈向成功的殿堂。而消极被动的学习心态，则像灰暗的雾霾，让你在学习的道路上迷失方向，举步维艰。例如在解答复杂的数学题目时，学霸会越挫越勇，在存有疑惑的知识点上反复推敲。

第 4 步：作息规律，足够自律

自控力比智商更可靠，是提高成绩的“秘密武器”。自控力往往离不开对时间的管理，遵循时间计划去做事，是最能够养成自律习惯的办法。例如，学霸知道哪些事情更重要，他们会先完成优先级更高的事情，并制定作息时间表来规划自己的生活和学习。

第 5 步：做事有方法，不机械

在学习过程中，面对知识怎么记忆才牢固、笔记怎么记录才高效、听课怎么才能抓住重点、作业怎么做才能事半功倍、课后怎么复习才能精进、考试怎么答题才能拿高分等问题，要找到适合自己的方法，并且能够灵活运用，才能效率翻倍。

跟着学霸学方法

学霸是可以养成的

2017年高考某省文科状元牛同学，以总分681分的成绩顺利考入北京大学。

很多人都问过牛同学同一个问题：凭借什么成为全省第一名？牛同学说，她不是一个天生的学霸，甚至她的理解力都比不上班里的很多人。可以说她的学霸之路是逐渐养成的。

学习是一条漫长的路，前行的过程中，成绩起起落落是常有的事，甚至有时还会伴随着焦虑、躁动、自我怀疑等不良情绪。牛同学刚读文科时，状态并不好，考试成绩也很不理想。那一段时间，学习方法上的漏洞和提高成绩上的吃力一并显现了出来，这让她难以承受。好在她并没有沉溺于迷茫中，而是及时调整心态，重新整装出发。

牛同学知道每个人都有惰性，但她更知道，有舍才有得，自律能给人带来自由。她会将时间计划精确到每天的课间十分钟，把课间利用率计算出来并写在一个本子里，然后给自己打分，反思自己哪里做得不到位，并立马改正。她还制订了每周的学习计划，精确到每一个小时。

牛同学的学霸养成之路，除了体现在心态和自律方面外，还有学习方法的不断完善。比如分类总结题型，寻找解题逻辑。当成绩有波动时，她会反思是心态上、时间把握上还是知识掌握上出了问题。她会在反思中找出问题，在改正中不断进步。

牛同学的成功经验告诉我们，学霸是有方法养成的，让我们一起加油！

为什么学霸各科成绩都优异

为什么有些学生每一门学科的成绩都很优异？为什么不管是面对临时考试还是刁钻的考题，他们的排名变动都不大？其实掌握了方法后，你也能成为别人眼中各科成绩都优异的学霸。

① 我们的问题

我们通常由着性子去学习，拿手的科目多学一点，不拿手的科目少学一点；或者依据对老师的喜爱程度去学习，对于喜欢的老师教的科目才会认真学。

② 我们的误区

我们通常会认为女生理科就是没有男生学得好，男生文科也没有女生学得好；我们还会认为临时抽查本来就不合理，没有好好复习怎么可能取得高分！可这些都是我们给自己找的借口。

③ 学霸的做法

学霸不会给自己找各种理由，他们全身心地扑在学习上，也非常懂得怎么学习才能取得高分：避免无效重复；掌握科学的学习方法并且一直坚持学习；学习成果和有效的学习时间成正比。他们知道自己是来“搞成绩”的。

学霸养成秘籍

第 1 步：避免无效重复

学习的无效重复指的是盲目、机械性地重复学习某一内容，但没有真正理解或内化知识。这种方式不仅浪费时间，还无助于长期记忆和应用能力的提升。

例如，某学生在准备考试时，反复朗读课本中的内容，但没有理解每一个段落的意义或者将其与其他知识点联系起来。他只是机械地重复阅读，以为这样就能记住并掌握这些内容。然而，真的到了考试时，他却发现无法准确答题，因为他没有深入理解这些知识的内涵和逻辑关系。

想一想该如何避免无效重复学习：

第 2 步：掌握科学的学习方法并且一直坚持学习

世界上从来就没有就“学渣”，有的只是没找到恰当的学习方法的学生。我们只要找对方法，用坚持点亮自己的信心，学习潜能的爆发就会超乎想象。

种一棵树最好的时间是十年前，其次是现在。你想从什么时候开始改变呢？

找到适合自己的学习方法

郭同学不仅是某省2022年的文科高考状元，中考的时候他也是全市第一名。郭同学可以一直成绩优异，必然有他独到的学习方法，而这个学习方法其实就是“刻意练习法”。

在学习当中，郭同学目标明确。他会先弄明白第二天老师课上要讲的内容，提前预习，标出自己不懂的地方，带着问题去上课。这样在老师上课的时候，他就能够有针对性地听课，解决问题。他通过这种方式做到了高效上课，有针对性地学习。

他还有一个自己独到的学习方法。很多人的学习习惯都是一放学就做作业，遇到不懂的题目就边查资料边做，但郭同学每次放学后都不会先做作业，而是先巩固当天所学的知识，这样不仅能够加深记忆，也能提高做作业的效率。郭同学说自己每次考试前不会再去看课本，这样效率很低，他一般只看笔记，里面记录的都是自己平时比较薄弱的方面。各科的知识点都很繁杂，这时候笔记就起到了很好的精简作用。

有很多人问郭同学的父母是怎样把孩子培养成学霸的，他们回答：“孩子的学习都是靠他自己，他自己有一套科学的学习方法，并且一直在坚持，自然会有好成绩。”所以尽快掌握刻意学习法，你也会像郭同学一样成为学霸。

学霸都在用的刻意练习学习法

学霸不是天生的，而是训练的产物。学霸是可以培养出来的，一个人能不能成为学霸，并不是看他有没有学习的天赋，而是源于正确的思维和不断地练习。只要经过足够长时间的刻意练习，你也可以成为学霸。

1 我们的问题

看上去很努力，却没有什么效果。例如，某个题型明明已经掌握了，可还在花大量的时间做类似的题型；补习班讲的内容根本听不懂，可还在硬着头皮听。

2 我们的误区

觉得花了精力和时间就一定可以成为学霸，但是忽略了“练习的方法是否正确”这个关键点。

3 学霸的做法

学霸会用刻意练习法进行学习。他们会将目标拆分成多个小目标，从而将目标转化成可实施、可调整、可优化的步骤。他们会把注意力集中在具体的任务上，并积极寻求老师帮助，同时学霸会给自己设置一定的挑战，逼自己走出舒适区以取得进步。

学霸养成秘籍

第1步：目标

很多人常常在新的一年到来时，信誓旦旦地制订了宏大的年度计划，但是慢慢地就停下来不再进行了。究其原因，是没有清晰且具体的目标。那么怎样才能找到清晰且具体的目标呢？可以用一句话描述你的目标，思考要达成这个目标的3个关键点是什么，还有该做什么才能促成关键点的达成。

写下你今年的目标。

第2步：专注

要想成为学霸，必须完全把注意力集中在你的学习任务上。在较短的时间内投入100%的努力来练习，比起在更长时间内只投入50%的努力来练习效果更好。例如，选择一个安静、整洁、无干扰的学习环境。

写下你因为专注获得成功的事情。

第 3 步：反馈

不论你在努力做什么事情，都需要通过反馈来辨别你在哪些方面还有不足，以及为什么会存在这些不足。如果没有反馈，那你就不可能搞清楚你在哪些方面还需提高，就不可能知道你离实现目标还有多远。

请老师、家人或者同学给自己反馈，也可以通过对照习题答案来获得反馈。

第 4 步：突破舒适区

人的成长就是不断突破自我的过程。刻意练习就是要持续挑战那些略超出当前能力范围的任务。在舒适区中，我们容易对当前的学习任务感到缺乏兴奋和激情，也没有机会获取新的知识和技能。著名的篮球运动员科比·布莱恩特，在训练中经常选择那些对自己稍微有挑战性的技术动作和战术，而不是只停留在已经掌握的基本功上。这种刻意挑战和练习使他能够不断进步，最终成为篮球历史上的巨星。

你准备在自己的哪项技能或者哪个学习方面进行刻意练习呢？

第 5 步：持续坚持

要想成为学霸，就是要在正确的道路上用正确的方法持续不断地坚持，只有这样，目标才能最终实现，不能取得了一点成绩就沾沾自喜、停滞不前，也不能半途而废，坚持到底，才能获得真正的成功。

跟着学霸学方法

《天才源自刻意练习》告诉我们的道理

《天才源自刻意练习》是一本由美国作家杰夫·科尔文写的书，它向我们揭示了一个非常重要的秘密：世界上并没有所谓的天才。那些做得特别出色的人，都是通过刻意练习才能在某个领域变得杰出的。

所以说，成功不是靠天赋，而是要靠“刻意练习”。举个例子，大家都知道莫扎特是音乐天才。很多人以为他是天生的音乐神童，从小就能创作美妙的音乐。但事实上，莫扎特的作品并不是凭空就能创作出来的，而是在他小时候，在爸爸的帮助下，通过模仿和反复练习前人的作品，逐渐积累经验，打下了创作的基础。等到 21 岁时，他才创作出了真正的杰作。也就是说，莫扎特从小开始，进行了长达 18 年的刻意练习，才有了之后的成就。

但是，成功并不是仅仅依靠时间的堆积，而是要用心去练习。单纯的重复和盲目的努力并不会让你变得更强，只有当你清楚地知道自己的不足，并刻意去改进时，才能不断进步，最终成就非凡。

真正的“天才”并不是一开始就与众不同，而是在长期的努力和练习中，慢慢超越别人，变得更出色。无论你想学弹钢琴、踢足球，还是学习各学科的知识，只要你坚持不懈、用心去练习，终有一天，你会发现自己也能做成那些曾经觉得不可能完成的事情。

刻意练习法在各科中的运用

我们要把学习当成一项挑战，不要总想着让自己舒服，它能锻炼我们的心智，让我们变得更加强大。要学好每一门功课都不是容易的事，刻意练习法在各科中的运用是成为学霸的必要条件——不论你多么有天赋，也不管你的梦想有多大，你都应该在各科上运用好刻意练习法，只有坚持下去才能实现蜕变。

1 我们的问题

只完成老师布置的作业，但不深入理解作业涉及的知识点的内涵或结构。死记硬背课本上的基本概念，对于背后的原理和应用理解较浅。

2 我们的误区

以为学语文就是要多看书，于是买了一大堆书看；以为学数学就是要多刷题，于是买了一堆练习册做；以为学英语就是多听纯正的口语，于是不停地听英文广播。

3 学霸的做法

学霸的学习特点是用心、用力、用脑。他们在语文、数学和外语三科的学习中，不仅注重知识的广度和深度，还注重能力的全面培养和实际应用能力的提升。例如，学霸会花时间深入理解数学定理和公式的推导过程，以便灵活运用不同的解题方法解决复杂的数学问题。

学霸养成秘籍

用刻意练习法学语文

想要学好语文，刻意练习法无疑是一种很实用的“秘密武器”。这种方法强调通过有针对性的、反复的训练，逐步提升各项技能，让你在语文学习中更加得心应手。

第 1 步：背诵课文

通过精确记忆课文的内容、结构和语言，能有效提升你的记忆力和语言表达能力。每天坚持背诵并学习其中的修辞手法，既是对记忆力的锻炼，也能帮助你加深对课文内涵的理解。

第 2 步：广泛阅读

在阅读过程中，不仅要注意积累新词汇，还要有意识地去分析作者的写作手法和语言风格，这将潜移默化地影响你的写作。

第 3 步：刻意练习写作

在写作时，可以设定小目标，针对自己的薄弱环节进行专门训练，比如加强对比句式的运用或提高描写的细腻度。

第 4 步：保持思考

保持思考，勇于质疑、反思，发现自己在学习中的不足，并不断修正与提升。

下面请你思考一下：你打算在语文学习中如何使用刻意练习法呢？

用刻意练习法学数学

第1步：设定明确的短期目标和长期目标

短期目标：比如掌握某个特定的公式、定理或解题方法。

长期目标：比如解决某个主题下的所有类型的问题，或提高自己的解题速度和准确性。

第2步：识别出自己在数学学习中的弱项

例如，如果你发现自己在解方程时总是容易出错，那么你就可以专门练习各种方程的解法，不仅要做题，还要总结其中的技巧和常见错误。

第3步：分级难度

从基础题目做起，逐步提升到难度更大的题型，确保自己没有遗漏任何细节。

第4步：积极反馈

深入分析自己做错题目的原因，是因为基础知识掌握得不牢固，还是思维方式不对，又或者是计算错误？

第5步：调整练习量

逐步增加练习的强度和数量。定期记录自己的学习进展，可以帮助你看到自己的成长，知道哪些方法有效，哪些地方需要改进。同时，你可以不断调整练习策略，有针对性地加强某些薄弱点的练习。

用刻意练习法学英语

第 1 步：设定明确的短期目标和长期目标

短期目标：比如学习并熟练使用 100 个形容词。

长期目标：比如能够看懂英文动画片的内容。

第 2 步：识别出自己在英语学习中的弱项

你可以通过以下方式来识别薄弱环节：

口语表达：你可能发现自己在某些发音或语法结构上经常出错，或者说话时停顿多。

听力理解：你可能听懂了大部分的内容，但在某些快速对话或特定口音的对话的理解上困难重重。

词汇使用：你可能感觉自己的词汇量有限，表达不够丰富，或者不够精准。

第 3 步：将复杂的语言技能分解成小部分，进行单项训练

口语练习：练习发音、语调和连读。可以找一些语言交换学习的伙伴或通过模仿录音来进行练习。

听力训练：通过精听训练（即反复听某段音频），集中精力捕捉细节。初期可以选择慢速语音或简单对话，逐渐过渡到更复杂的内容。

词汇训练：每天记忆一定数量的新词汇，并且通过语境和搭配来加深理解。可以应用一些词汇记忆法，如联想记忆法或词根词缀法。

语法练习：通过专门的语法练习册或在线资源，集中攻克某一类语法问题，如时态、虚拟语气等。

第 4 步：积极反馈

如果只是单纯练习而没有获得反馈，学习效果会大打折扣。你可以通过以下方式获取反馈：

口语练习：参加语言交换学习活动、找外教交流、使用语言学习应用软件来获取老师的反馈。

写作练习：使用写作反馈平台让母语为英语的人帮助修改你的写作，并指出错误。

自我监控：录音并回听自己的发音，查找自己的语法错误，或者通过精听训练对比原文找出自己的错误。

第 5 步：调整练习量，逐步增加练习的难度

你可以按这样的方法逐步增加练习难度：

口语练习：从简单的日常对话逐渐过渡到讨论专业话题、辩论或讲演。

听力练习：逐渐增加听的英语材料的时长，开始从简单的英语视频过渡到 TED 演讲、新闻或纪录片。

阅读练习：从简单的文章过渡到阅读报纸、小说或学术文章。

门门都是高分

2020 年，某省的理科壮元唐同学以惊人的成绩成为大家关注的焦点。她的语文考了 146 分、数学 149 分、外语 143 分、理科综合 287 分，每一门都非常出色，几乎没有任何弱项。

尤其值得一提的是，唐同学的语文成绩非常惊人！在全国公认的最难语文试卷上，她拿到了 146 分。

唐同学对于每门学科都有自己的学习方法，即便在家上网课，她也从不偷懒，始终保持和学校一样的作息时间，紧跟老师的教学进度，并且给自己设定了很多学习任务。每当遇到难题，她会立刻联系老师，直到彻底弄明白。她特别重视语文这门功课，高中期间，她写了 7 本厚厚的笔记，记录字、词、句子、段落和篇章的重点，每一篇作文都经过反复练习。为了积累更多的词汇和文学知识，她还专门去学校的竹林里找了个安静的地方写随笔和记叙文，不断锻炼自己的写作技巧。

唐同学的成功，是她每天都在坚持刻意练习学习法、不断努力的结果。她的学习方法值得我们学习。她的事例告诉我们，只要肯付出努力，未来一定会更加美好！

第2部分

好状态是可以刻意练习的

学习和快乐是一对矛盾体吗

你可能经历过这种奇妙的体验：每当学习遇到难题时，你的内心就会高呼："学习真是太难了！"你会不自觉地逃避问题，如用哭闹或使用电子产品以短暂地忘掉学习难题。结果就是，学习和快乐就像是天敌，互不相容。而那些学霸呢？他们就像是魔法师，把学习变成了乐趣的源泉，他们是怎么做到的呢？

1 我们的问题

很容易对学习产生抗拒心理，对作业产生拖延心理，对老师产生逃避心理，对偷懒产生侥幸心理。

2 我们的误区

把偷懒带来的短暂快乐与学习带来的枯燥进行对比。简单地认为少做一道题，多了一些玩耍的时间就是在为自己争取快乐，错误地认为即时满足是更明智的做法。

3 学霸的做法

偷懒，说明你的学习本质上是一种被动学习，而被动学习的效率注定较低。学霸们早已发现，被动吸收知识，不如主动出击，把学习当成一场有趣的挑战。与其陷入低效的死记硬背，不如培养对学习的热情与兴趣，保持平和的心态和高度的专注力。积极寻求反馈，及时调整方法，再加上一些小小的仪式感和奖励，学习的动力自然源源不断。只要把这些做法结合起来，你会发现自己不仅能主动投入学习，效果也会好得超乎想象。

培养好状态的方法

第1步：明白为什么要学习

学习可以实现自身的价值、开阔自己的眼界、丰富自己的思想、收获更多的财富、交到更多的益友，最重要的是获得更多选择的自由。

例如，在学习李白的诗词《送孟浩然之广陵》时，我们可以感受到诗词的魅力，体会到李白与孟浩然之间的深情厚谊，从而让我们爱上中国传统文化，乐于结交良师益友。

你觉得学习会给你带来哪些好处？

第2步：心态平和与专注力

好的学习状态首先需要保持内心的平静与注意力的集中，消除外界干扰。学霸们通常能够很好地管理情绪，遇到困难时能保持冷静，不会被挫折感所影响。

例如，关闭手机通知或消除噪声，创造一个安静的学习环境。

你认为可以做些什么能创造出安静的学习环境呢？

第 3 步：积极寻求反馈和改进

不断寻求他人的反馈和建议，以便及时调整学习方法和策略。要乐于接受挑战和克服困难，并从中吸取经验教训，不断改进自己的学习技能。

例如，老师告诉你写作文时候要有详略，你听取了建议，下次写作文的时候突出了重点，有详有略。

你在学习上有听取他人建议的经历吗？

第 4 步：来点仪式感和小奖励

开始学习前，可以起身去接一杯水，也可以挺直腰背，给自己增加一点学习的仪式感；给自己设个学习小目标，沉浸式地投入学习中，完成自己的目标后，得到奖励的心情必定是非常愉悦的。

例如，完成小目标后奖励给自己一个喜欢的小文具，也可以给自己一句赞美。

当你完成小目标时，会给自己一些小奖励吗？是什么呢？

哈佛学霸的一天是怎么过的

哈佛大学堪称全世界殿堂级的院校，你一定好奇：哈佛大学学生的一天是怎样度过的呢？是埋头苦读呢，还是痛苦地赶课题、搞科研呢？其实都不是，他们的一天是充满快乐和激情的。

Caleb 是哈佛计算机系的学生，早上 8 点，他在闹钟声中起床，紧接着快速洗漱，哈佛大学学生宿舍有独立的起居室和卫生间，虽然面积不大，但设施一应俱全。他早晨 9 点吃早餐，学生餐厅被北美大学数量最多的彩绘玻璃窗环绕，置身于此，仿佛一秒入镜《哈利・波特》中的霍格沃茨宴会厅。他上午 10 点开始自习或上课，轻松有趣的课堂可以带给他足够多的新知识，启发性的问题帮助他最大限度地开阔思路，不断激发学术灵感。他中午 12 点会打包一份三明治，快速吃完后就开始准备下午的课或自习。如果下午没有课，他就在下午 2 点去图书馆自习，哈佛图书馆的数量在全球大学中名列前茅，共有 80 所。他晚上 7 点吃晚餐，晚上 8 点参加篮球比赛，夜晚 9 点逛超市或参加夜晚茶话会。运动过后，同学们一起逛超市采购一些食材，围坐在一起吃零食、聊天，结束充实的一天。

对于哈佛学霸来说，根本没假期，但是每一天都在用心学习，用心生活。在完成自己喜欢的学业的过程中，他们保持着自己的好状态，研究着自己感兴趣的课题，虽然忙碌、节奏快，但乐在其中。

你为什么会拖延

人总是希望即刻获得满足感，就像玩游戏、去旅行一样，但学习是很难即刻获得满足感的。有人不喜欢学习这件事，害怕面对挫折，而拖延成了不想面对挫折的一个策略；也有人因为完美主义而拖延，总要把事情做到尽善尽美。拖延不仅会降低学习效率，还会导致我们养成不良的学习习惯。

1 我们的问题

缺乏时间观念，做事缺少计划性，总是不能集中注意力去做事情，陷入了“拖延—计划—再拖延—再计划—再拖延”的内耗式恶性循环，事情一件没干，内心已经五味杂陈。

2 我们的误区

低估任务，觉得“等会儿做”没问题，结果越拖越麻烦；总觉得“时间还早”，最后慌忙赶工；被完美主义拖住脚步，非得等“完美时刻”才行动；习惯了临时抱佛脚，忽视了持续努力的力量。

3 学霸的做法

他们懂得启动比完美更重要，先做起来，干劲儿自然就来了。他们擅长把任务按重要性和紧急性分类，优先处理最紧急、最重要的事。拖延对他们来说，就是个能轻松克服的小问题。

用 123 法则告别拖延

第 1 步：迅速开始

追求完美是拖延的一大源头，很多时候我们需要换个思路，比如降低要求，告诉自己，我只是先做个框架出来，那么这件事的启动就会快很多。以写作文这件事为例，很多同学都下笔困难，这时候不如先列一个粗略的作文提纲，这样是不是就容易多了？

你有没有习惯性拖延的学习内容，你打算怎么快速启动呢？

第 2 步：让自己先做 2 分钟试试看

与其在拖延中折磨自己，不如先做 2 分钟试试看。有时候学习任务看起来太多了，所以我们拖着不想开始。但是再多的任务，都是一步一步完成的。

转变思维方式，从“我先做 2 分钟”开始，你是不是觉得瞬间简单了很多？事情一旦开始，你会发现，其实这件事根本没有想象中那么难。比如写口算题卡这件事，口算题卡每页的习题看似很多，但当你做了 2 分钟后，你会发现密密麻麻的口算题只是看起来唬人，做起来并没有那么难。

仔细回忆，你在做什么事的时候一开始很抵触，一旦启动后却觉得容易多了？

第3步：执行3个启动步骤

习惯拖延的同学，很多时间都浪费在心理建设上了。很多时候不用想太多，我们直接开干！把做这件事需要的3个启动步骤写下来。

例如，你要写作业，启动的3个步骤依次是：坐在桌前、拿出作业、找到要写的位置开始写。当你真正开始做事，后面就很容易继续了。

除此之外，我们还需要建立时间意识。我们必须知道10分钟跟20分钟的区别，知道在小区里走一圈大概需要多少分钟，从家里到学校需要多少分钟，吃一顿饭大概是多长时间。甚至我们要明白：什么是“立刻”“马上”？“再等一会儿”到底是多久？

拖延的人往往对这些关于时间的说法没有具体的概念。你可以为自己制作一张时间安排表，使时间观念更加具体，每一段时间都要有安排。刚开始制定的每日学习任务，一定要简单，越简单越好，等你能够具体执行之后，时间安排表再慢慢具体起来。与此同时，你可以搭配使用时间工具——定时器，以便清晰地感知时间的流逝，这可以帮助你理解时间的长短，形成对不同时间段的正确认知。

时间	任务	完成程度

清华学霸对付拖延症的方法

提起拖延症大家都不陌生，它在大部分同学身上都存在，有一个调查显示：约75%的学生认为自己偶尔有拖延行为，50%认为自己经常有拖延行为。严重的拖延症会非常影响我们的学习成绩，拖延会让我们所面对的问题变得更加麻烦和严重，越是拖延，内心越会紧张焦躁，所以越往后心理压力越大。我们来看一看清华学霸李同学是怎么对付拖延症的。

李同学表示，对付拖延症最好的办法是制订一个每日学习计划，这个计划很简单，就是每天早上或前一天晚上，提前安排那些重要和紧急的事情，在自己精力最旺盛的时间做最困难的事情，并对每一项任务设置起止时间。如果当天任务完成得比较好，可以给自己一点奖励，比如爱吃零食的人可以奖赏给自己一些零食，爱听歌的人可以让自己听首歌等，适当的自我小奖励可以更好地战胜拖延症。

在完成学习任务时，不要一心多用，每次只做一件事，并争取一次性把事情做好。每天要完成的每项学习任务，都要设定好完成期限，限定多长时间完成。

只要你坚持下去，就会养成习惯，你的拖延行为也会越来越少。

给学习心态重新下定义

许多同学反映：自己学习一点儿也不自律，无法理解学霸为什么能那么自律；不喜欢抱团学习，感觉自己很孤僻；不喜欢在同学面前展露自己用功学习的样子，觉得这样很丢脸……其实大多数同学的心态都存在一定的自我否定，想要改变学习状态，应从认识和接纳自己开始。

1 我们的问题

担心自己很努力学习但是考试成绩不理想反而被别人嘲笑，怕自己拒绝太多次同学的邀约会影响友情……

2 我们的误区

觉得自己“天生不聪明”，看到难题就灰心丧气，想着“算了，反正学不懂”；一见别人比自己厉害，就开始怀疑自己，觉得自己永远追不上别人；遇到挑战时，宁愿选择放弃，也不努力去解决，结果只会越来越不自信。

3 学霸的做法

学霸的心态和普通学生的区别在于，他们觉得凡事发生皆有利于我；强者孤独，弱者抱团；不以当众展露努力学习的样子为耻。他们用这种心态来对待学习，一切就会豁然开朗。积极、真实、强者的心态，能够让学霸消解焦虑的情绪，为学习奠定较好的情绪基础。

学霸心态法则

第 1 步：真正的强大不是对抗，而是允许发生

在学习中，我们经历的每一个挑战或困难都是一次成长的机会。“一切发生皆有利于我”，这是一种积极健康的好心态；有了好心态，才能“让一切发生皆有利于我”。

例如，你准备了很久的比赛，因为紧张而导致失败，你要把它当作一次成长的机会，这次失败是在告诉自己平时训练还存在问题，要找出失败的原因，让自己在下次比赛中取得好成绩，不再出现同样的问题。

如果你努力了很久想要在比赛中一举夺冠，但是冠军却被杀出来的“黑马”夺走，你会怎么想？

第 2 步：强者孤独，弱者抱团

在自然界中，一些强大的动物往往选择独自行动，因为它们有能力单独捕猎或者独自面对生存挑战。相反，牛羊等食草动物通常以群体的形式行动，它们依靠集体的力量建立了安全感。真正的强者都能抛开外界的困扰，不受别人评论的影响，他们的底气来自内心，活得自在又从容，不因为别人的看法和态度而患得患失。他们专注于修炼和提升自己，让自己变得越来越强。强者的内心必定是强大的，他们能够独立思考，而弱者往往喜欢抱团，通过依赖别人才能让自己有安全感。

例如，大家在没有老师的自习课上说话，但是你专注于学习，不要觉得孤独，这反而说明你强大；背英语单词的时候，不需要和别人聚在一起背，要有自己的节奏，根据自己的节奏来，效率会更高。

老师留的选做作业，大家都商量好不做，这时候你选择做还是不做呢？

第3步：不以当众展露努力学习的样子为耻

人生最悲哀的，莫过于用他人评判的眼光作为自己的行动标准。展露自己爱学习的本心，展露自己想取得好成绩的野心，这不可耻。面子本就不应是别人给的，而应该是自己挣的，好成绩才是最实在的。正视自己，提升内在，才是提高成绩的最好方式。

如果你在课下复习时被同学嘲笑，你会怎么做？

跟着学霸学方法

积极的心态让巨星史泰龙终获成功

无论面临什么困难，都要保持好心态。是否拥有好心态，会影响人的一生的成功与否。

美国著名电影演员史泰龙在成名之前异常落魄，身上只剩下 100 美元，连房子也租不起，只能睡在金龟车里，但他立志要当演员，并非常自信地到纽约的电影公司应聘。

当时纽约有 500 家电影公司都因他外貌平平及咬字不清而拒绝了他。随后，他又写了《洛奇》的剧本，并拿着剧本四处推销，继续接受别人对他的嘲笑和奚落。据统计，他一共被拒绝了 1855 次。

终于有一天，他遇到一个肯拍《洛奇》的电影公司老板，但又遭受对方不准他在电影中演出的要求，最后，在史泰龙的一再坚持下对方才答应让他出演主角，史泰龙及电影《洛奇》一举获得了巨大的成功。

史泰龙凭借此片获得奥斯卡最佳男主角与最佳编剧的提名。

史泰龙在面对 1855 次的拒绝后仍不放弃，这是他走向成功的关键因素。只有好心态才能让人不怕失败、不怕丢脸、坚持不懈，从而收获人生的成功。

多巴胺学习法：在幸福快乐中轻松逆袭

多巴胺是一种大脑制造和分泌的化学物质，适量分泌多巴胺能够给人带来快感和幸福感。“多巴胺学习法”可以在学习中制造“快乐激素”，它通过设定明确的学习目标结合奖励的方法，来增强学习过程中的动机和快乐感，帮助同学们在幸福快乐中轻松逆袭。

1 我们的问题

常常频繁地给自己设置奖励，并且过度依赖奖励，反而忽视了学习本身的意义，这可能会造成反向效果——虽然在短期上增强了学习动机，但长期下去会影响学习的持久性和自主性。

2 我们的误区

错误地理解多巴胺学习法。以为只要玩得开心、做些轻松的事情之后就能好好学习，比如看会儿搞笑视频、玩会儿游戏，然后就期待自己能更认真地投入学习。结果，玩完后学习时更分心，反而浪费时间。

3 学霸的做法

学霸明白“多巴胺学习法”，其实是通过产生积极的情绪让大脑分泌“多巴胺”来激励自己继续学习。比如每完成一部分任务，允许自己休息一下，做点自己喜欢的事情，这样大脑就会觉得“学习也是有回报的”，进而激发出更多的学习动力。

多巴胺学习法操作步骤

第1步：设定目标

选择一个具体的学习目标，最好是短期的、可量化的、难度不大的小目标，这可以引导我们一步步实现更大的目标。

例如：做5道应用题，背2篇课文。

你准备给自己设置什么目标？

第2步：想象目标实现的样子

告诉自己：我一定能成功。要给自己积极的心理暗示，然后想象目标实现时自己开心的样子，设想要详细。

详细地想象一下：你实现目标时的样子是怎样的？

第3步：反复确认目标

为了能随时随地提醒自己，要让目标每时每刻都可以出现在我们眼前，时刻提醒我们。例如，利用便笺纸、备忘录、闹钟等来提醒。

你有什么好办法可以反复提醒自己要专注于目标？

第 4 步：快乐地行动

多巴胺学习法使学习变得更有乐趣，通过将学习与可以获得奖励的积极情绪联系在一起，你会更愿意投入时间和精力去学习。多看到快乐的一面，快乐地去努力，是成功最大的秘诀。

你有过实现目标时快乐的体验吗？

第 5 步：目标实现后给自己奖赏

设定一个目标实现后的奖励，这个奖励可以帮助你增强学习的动机。奖励应该是有意义的，确保奖励足够吸引你，并且能够提升你的愉悦感，能够激励你去追求目标。当你知道完成某项学习任务将会带来令人愉悦的奖励时，你会更加专注和努力地投入学习过程。

例如，举办家庭内部的庆祝活动、一顿特别的晚餐、一次娱乐活动等。

你会给自己什么奖励呢？

第 6 步：设定更高的目标

要尝试新的挑战，这样才能使人成长。要定下一个更高的目标，达成后才会获得更大的成就感。例如，设定目标是 10 分钟做完一篇阅读理解且正确率在 60% 以上，做到后可以将目标提升至 10 分钟做完一篇阅读理解且正确率在 70% 以上。

第 7 步：重复前面的成功过程

不断循环成功的过程，就是一个良性循环，我们就会螺旋式地向上成长，会在成功的阶梯上不断向前走，直到实现目标，同时获得精神上的成就感和满足感。

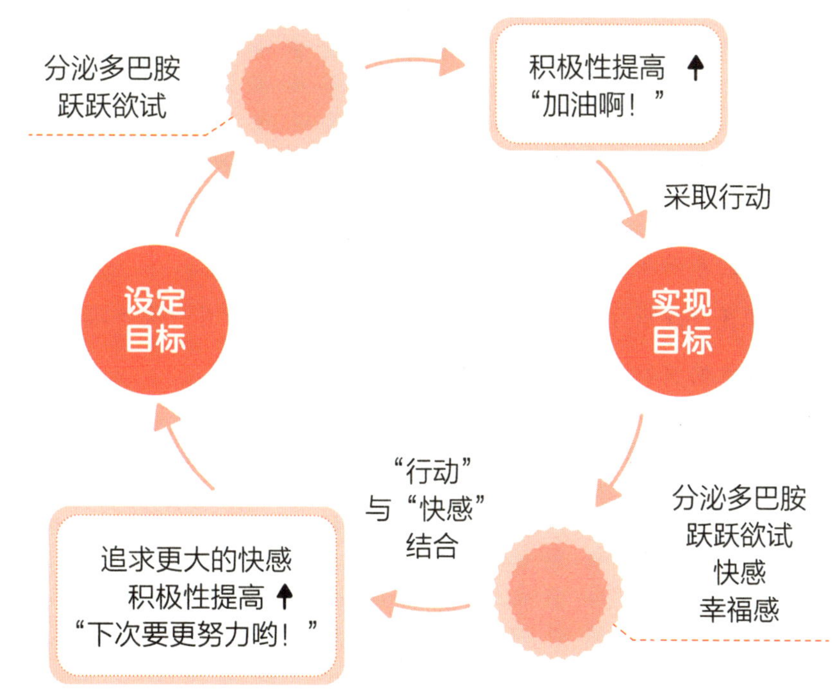

跟着学霸学方法

多巴胺学习法——某歌手的自我奖励之路

有这样一则意大利谚语：如果一个人不晓得把船开往哪一个港口，那吹什么风都不顶事。

学霸的成功离不开科学的学习方法，我们想在逆袭成学霸之路上冲刺，就必须经历一段认识自己、调整自己的旅程。

某歌手在演唱道路上的成功，不仅是靠他婉转悠扬的歌声，更依靠他积极健康的心态和自我激励的方法。无论是他的音乐还是他的思想，都能让人感受到平静的巨大力量。

他说："我有一些小小的奖励自己的办法，让我对自我生活重燃的一些办法。订一把非常好的琴，需要很久才能到，当我有一些烦恼的时候，我会想一想，再过一些日子，那把琴就会到了，我就会释然很多。"

在音乐上，他一直在走自己的路，就算有彷徨和挫折，他也会给自己一些小小的奖励，就这样盼望着过些日子就可以拥有梦寐以求的东西了，心情也被瞬间点亮了。

他懂得快乐学习，收获自己的小小奖励，然后再一次上路，收获更大的奖励。

第3部分

立对目标，学习不累

你知道目标也有保质期吗

在学习中，你是不是立下过目标，可总是迟迟完成不了？你准备背 20 个英语单词，可是两个月过去了，你还没背完；你想看完一本书，可是一年过去了，你还没看完。这是为什么呢？很多情况下，是因为你只设置了目标的内容，却忽略了目标也有“保质期”。

1 我们的问题

要么还没开始目标就夭折了，要么困在过程中无法推动目标进行下去，要么目标太遥远消磨了耐心……最后我们想要完成的这些目标就成了单纯的喊口号。

2 我们的误区

在设立目标期限时进入“超人模式”，以为设定一个超短的期限就能一蹴而就，结果常常是在临近截止日期时才发现自己连“预热”都没完成。

3 学霸的做法

学霸们明白，设定目标期限的秘诀不是为了在“最后一刻的疯狂冲刺”里找存在感，而是要合理安排进度。他们会根据自己的时间和精力，设定具体的截止日期，再按部就班地记录每个阶段的进展，确保每一步都稳扎稳打，而不是临时抱佛脚。

如何合理地给学习目标设定时间限制

第 1 步：明确学习目标和任务

首先，要明确你要达成的具体的学习目标。

例如，不是“提高英语水平”，而是“掌握 50 个常用英语单词”，或者“完成一篇英文写作”。明确具体任务能帮助你更清晰地设定时间。

第 2 步：评估任务的复杂度

难度：任务是否挑战性较大?

任务量：涉及的学习内容有多少?

新旧程度：第一次接触某个知识点，可能需要更多的时间来理解和实践。

第 3 步：设定具体而实际的时间限制

在考虑任务的复杂度和个人情况后，设定一个合理的时间限制。注意不要过于乐观地压缩时间，也不要过于宽松地延长时间。一个合理的时间限制应该是既具有一定的挑战性，又要考虑到你平时的学习速度、专注力及其他可能的干扰因素。

例如，如果你打算在一周内掌握一篇英文文章的阅读和理解，那么每天分配 30—60 分钟逐步学习并复习可能会是一个合理的时间安排。

第 4 步：合理安排阶段性进度

如果任务比较重或复杂，最好将其分解为若干个小任务，并为每个小任务设定时间限制。

例如，学习一门课程时，可以为每个章节设定一个学习期限，然后逐步推进。这有助于确保每个阶段都有明确的时间目标，不至于被拖延或忽视。

第 5 步：留出缓冲时间

给自己设定的时间限制可以稍微宽松一点儿，留出一些缓冲时间以应对突发情况。这样可以避免因为小小的延误或学习中遇到的难点而影响最终目标的完成。

例如，如果你计划 3 天完成一章内容的学习，那么预留 1 天作为“备用”时间以应对可能的进度拖延，最后你就能更从容地完成任务。

第 6 步：定期评估与调整

在执行过程中，定期回顾和评估进度。如果发现进度过慢，可以重新调整时间安排，增加投入的时间或资源；如果发现进展较快，可以适当缩短某些任务的时间，甚至提前完成。

给小目标加个时间期限

阎同学是2003年某市高考文科第一名，现为北大法学院老师。他依靠自己的学习方法和刻苦精神，在逆境中学习，在困境中生长，在高考中取得了出色的成绩。

那么阎同学是怎么做到的呢？

他知道，首先要静下心来，不受外界的干扰。在拥有良好心态的基础上，他会给自己设定一些目标，再给这些目标加上时间期限。这个目标要“小”，大概是“轻轻一跳就够得着的”。小目标的达成能够带来成就感和自信心。每当他完成一个小目标时，都会感到满足和喜悦，这种积极的情绪会激励他继续努力，形成正向的学习循环。同时，随着小目标的不断实现，他会逐渐积累成功的经验，从而增强对学习的信心和动力。目标加上了时间期限，就会有适当的紧迫感，必须在规定的时间内把目标达成，这就会正面促进目标的推进。

学习是不可能一口吃成胖子的，面对学习，不该着急，试着给自己设个小目标，再加个时间限制，接着就是去努力付诸行动，同时静下心等待收获成果。

这样立目标更好完成

为什么走一步很容易，但是走一万步却很难？

为什么小目标容易实现，可是大目标却总是完不成？

学习目标一般有长期目标、中期目标和短期目标三类，想要高效学习，达成目标，就要学会拆解目标，就像剥洋葱一样，一点一点剥下去，拆解目标后形成的新目标会变得更小、更具体、更容易达成。

1 我们的问题

对于自己的目标缺少规划，比如长期目标、中期目标和短期目标之间没有明确的界定。

2 我们的误区

很多学生在拆解目标时，觉得只要照着一年 12 个月、一个月 28—31 天、一天 24 小时分配任务就行，简单粗暴。其实这件事并不是这么简单的，我们得考虑到有时候生活比时间表还要“调皮”，比如有其他事情要做，或者某些时间段早已被“抢占”，这些都得提前考虑进去。

3 学霸的做法

学霸会根据这个目标需要的总体时间，区分是长期目标、中期目标还是短期目标，还会给这个目标设定时间框架。在明确目标后，他们会将长期目标拆分成几个中期目标，将中期目标拆分成几个短期目标。他们还会确定每个阶段目标的优先级顺序，会更专注于重要的任务。

学霸如何设立目标

第 1 步：长期目标：需要很长时间实现的大目标

学习一门新技能、掌握某一领域的知识，或者拥有一项喜爱的才艺。要完成这些大目标，所需时间为几个月以上。

你的长期目标有哪些呢？

第 2 步：中期目标：需要在较长时间范围内实现的目标

中期目标通常覆盖一个较长的时间段，如几周或几个月，也可以是长期目标拆解后得到的一个较小、较具体的目标。

你的中期目标都有哪些呢？是长期目标拆解出来的吗？

第 3 步：短期目标：需要在较短时间范围内实现的小目标

短期目标可能是每周、每天或每单元的具体目标，也可以是中期目标拆解的更小的短期目标。

你最近有什么短期目标吗？是中期目标拆解的吗？

跟着学霸学方法

北大学霸教你设立目标的方法

在学习的道路上，有的人用对了方法成了“学霸”，有的人用错了方法成了“学渣”。芦同学凭借着自己不懈的努力和独特的学习方法，最终成功考上北京大学。我们来看看这位学霸的学习方法，他是怎么设立目标让学习“开挂”的。

正确设立目标可以让我们进入高效学习状态。芦同学将自己的学习目标划分为短期、中期和长期目标。短期目标以掌握基础知识为主，中期目标是提高解题能力和思维能力，长期目标则是实现自己的梦想，考入心仪的大学。这样的目标设定，让他在学习上有了清晰的方向和动力。然后，他把目标拆解为一个个小部分，逐步实现。如果你做不到像芦同学那样全面计划，可以只做每天的计划清单上的事。每天把需要做的工作写在一张便利贴上，贴在桌子上容易看到的位置，做完一项划掉一项，会很有成就感，学习效率也会提升不少。需要注意的是，一定要重视你的计划清单，时刻想着去完成计划。

学会设立目标和拆解目标，付诸实践并且坚持下去，你也会像芦同学一样成为学霸。

什么样的目标才能帮你提升成绩

为什么有些同学学习很辛苦，成绩却难以提升？怎么来设定一个有效的目标呢？现代管理学之父——彼得·德鲁克提出的SMART原则，非常值得借鉴。遵循SMART原则，你就可以制定一个有效的学习目标，让你更容易取得好成绩。

① 我们的问题

觉得“自己没救了”，认为“我就是学不好”或者“学习对我来说太难了”，下意识地低估了自己进步的能力，也不认为设定目标能帮助自己进步。

② 我们的误区

没有真正认识到确立有效的学习目标的意义。设定学习目标的本质是帮助我们看到自己的优点和潜力，让我们知道自己可以慢慢进步，而不是一下子就要求我们达到很高的标准。

③ 学霸的做法

SMART 原则是学霸非常喜欢的制定有效目标的方法，即制定具体的、可以被量化的、可以实现的、具备相关性的、有明确截止期限的目标。遵循这 5 项原则，才可以制定有效的学习目标，进而取得好成绩。

SMART 原则

SMART 代表五个英文单词的首字母，每个字母都代表一个要素，帮助你设定有效的目标。下面以学数学为例来具体说明。

S（具体的）

目标要明确、具体。不能含糊不清。

不具体：我要学好数学。

具体：我要在下次数学考试中提高 10 分。

M（可衡量的）

目标要能量化，你才能知道自己进步了多少、是否完成了目标。

不容易衡量：我要提高我的数学成绩。

可衡量：我要通过每周做 5 套数学练习题的方法来提高我的数学成绩。

A（可实现的）

目标要切合实际，设定目标时，要考虑到自己的现状和可用的资源。

不合理：我要在下个月内将数学成绩提高到满分。

合理：我要通过每天花 40 分钟做数学练习，争取在下次考试中提高 5 分。

R（相关的）

目标需要与你的长远计划和兴趣相关，与你的学习或生活目标一致，这样才能保持充足的动力。

不相关：我要每天练习跳舞。（如果你不喜欢跳舞的话。）

相关：我要提高我的数学成绩，因为数学对我未来的学业很重要。

T（有时限的）

每个目标都需要有一个明确的时间框架，这样才能保证你按时完成，避免拖延。

没有时限：我要提高数学成绩。

有时限：我要在下个月的期中考试前，将数学成绩提高至少 10 分。

史蒂夫·乔布斯的SMART原则

史蒂夫·乔布斯是知名度很高的人物，他是世界知名的企业家、发明家，苹果公司的联合创始人，皮克斯动画公司的创始人。

乔布斯年轻的时候用SMART原则来设定明确的目标，这也是他个人成长和职业发展的基石。通过这个原则，可以确保目标既清晰又实际可执行。他设定了明确的长期目标：改变世界。

为了达到这个目标，他分解出一系列短期目标，如学习电脑编程、与其他志同道合的人合作、不断创新技术等。即使在被苹果公司解雇后，他也没有放弃，而是重新设定了目标，继续追求技术创新，最终推出了改变世界的iPhone系列手机。

通过这个事例我们不难看出：通过设定明确的长期和短期目标，并制订行动计划，可以确保自己在实现梦想的道路上稳步前行。这样不仅可以让目标看起来更加可管理，还能提供更大的满足感和成就感，从而增强动力。

乔布斯通过SMART原则设定目标，不仅改变了自己的生活，影响了世界的发展，也鼓舞了无数人追逐梦想。

给完成目标制订可行的计划

想成为学霸，光定个目标可不够，还得有个靠谱的计划。就像你决定去游乐园，但没车也没地图，结果可能就迷路了。如果目标是去游乐园，做好计划会为顺利到达目的地保驾护航。一个好计划会让你每一步都走得踏实，避免“崩溃式”失败。

1 我们的问题

大多数人制订的计划都会存在一个致命的问题——缺乏具体的执行步骤。定下的目标很高，但没有清晰的行动计划，结果计划就会变成空谈，无法落实到实际行动中。

2 我们的误区

总是高估自己能一次性搞定一切，认为“只要决心够，就能成功”。但实际操作时，计划大得不切实际，执行力跟不上，结果什么都没做。误把学习当成了马拉松，却忘了分步走、合理安排时间。

3 学霸的做法

学霸对待目标的态度就像对待一盘复杂的拼图，先不慌，把复杂的拼图拆解成小块再逐个击破。他们明白计划是工具，不是束缚，关键在于执行与调整。很多时候，学霸们会借助 OKR 工作法促进目标的实现。

OKR 法操作步骤

第 1 步：确定学习目标（O）

目标应该是清晰的、鼓舞人心的，并且具有一定的挑战性。目标不宜过大，应该是具体的、可以在一定时间内完成的。

示例目标：

掌握数学基础：确保掌握当前学期的数学知识和技能。

第 2 步：制定关键结果（KR）

关键结果是衡量目标达成程度的具体标准。它们应该是可衡量的，并且是能够直接验证目标完成情况的。

示例关键结果：

K1：每天完成 10 道数学练习题，检查并改正错误。

K2：每周复习一章数学内容，确保理解并掌握关键概念。

K3：每两周参加一次数学小测验，保证得分稳定在 90 分以上。

第 3 步：设定时间周期

OKR 法需要明确时间周期，这样才能清晰地评估进度。对于学生来说，通常以一个学期为一个周期（3—6 个月），或者可以分解为每个月、每周为一个周期进行调整和检查。

例如：

学期 OKR 周期：设定学期内的长期目标，并细化为每个月的关键结果。

每月 OKR 检查：每个月结束时，回顾并检查目标的完成情况，及时做出调整。

第 4 步：跟踪、回顾和改进

每周或每月，家长或老师可以帮助学生回顾 OKR 进度，评估目标达成情况，看看哪些关键结果已经完成，哪些还需要改进。

OKR 法的一个重要特性是灵活性。如果目标或关键结果不合理，或者在执行过程中出现了问题，可以及时调整。特别是对于小学生来说，计划可能会受到其他因素的影响（例如兴趣、精力等），因此保持灵活性是非常重要的。

回顾方式：

每周回顾目标达成情况，评估每个关键结果的完成程度，鼓励自己改正不足。

通过奖惩机制（例如小奖励或放松活动）来激励自己保持动力。

对于未完成的关键结果，分析原因并调整学习计划，如增加学习时间、改变学习方法等。

调整方式：

如果发现某一学习方法效果不好，可以换成新的方法或工具。

如果某个目标过于困难，可以暂时降低难度或分解成更小的目标。

示例 OKR 计划:

目标：提高语文成绩

时间周期：一个学期（约 4 个月）

具体目标（O）	关键结果（KR）
1. 每天精读一篇课文	确保读音准确，能够理解课文的主要意思
2. 每周进行一次语文小节测验	确保基础知识正确率在 90% 以上
3. 每月完成 2 篇写作练习	确保达到写作习题的要求

请用 OKR 法则给自己制订学习计划

跟着学霸学方法

OKR 方法改变了谷歌

在硅谷，有位叫拉里·佩奇的创新达人，他和伙伴创办谷歌时，心里藏着个大梦想："要把全世界的信息都整合起来，让每个人都能轻松用上。"然而，如何将这一愿景转化为具体行动，成为摆在他面前的实际难题。

1999 年，转机来了。投资人约翰·杜尔给佩奇推荐了一个叫 OKR 的好办法。佩奇敏锐地意识到 OKR 的价值，并很快为谷歌制订了首个 OKR 计划：要做出世界上最好的搜索引擎。为了实现这个目标，他还定下三个关键成果：把搜索响应时间缩短到 0.3 秒以内、让索引的网页数量突破 10 亿、支持的语言种类达到 50 种。

这些目标在当时显得格外大胆，甚至有些异想天开。谷歌的工程师们最初也感到难以置信。但佩奇鼓励团队："我们要敢于设定高远的目标，即使最终只实现了 70%，也比完成一个短视的目标更有价值。"在 OKR 的指引下，谷歌团队展现出惊人的执行力。他们在短期内就将搜索响应时间优化到 0.2 秒，索引网页数量在预期时间内突破 10 亿，支持的语言种类也快速扩展。每个团队成员都清楚地知道自己的工作如何贡献于公司的大目标，从而形成了强大的协同效应。

佩奇通过 OKR 法将宏伟愿景转化为现实成就，这个方法也随之从谷歌走向全球，被众多企业学习和采用。

第4部分

好习惯
助力好成绩

比自律更重要的是习惯

你应该会有这样的感受：随着年级的增长，面临的学习内容和难度都增加了。明明自己已经努力了，但常常感觉力不从心。作业总是要写到深夜，动画片与自己渐行渐远，好不容易等到周末，还得上补习班……但是，为什么自己忙得团团转才勉强保持着现在的成绩，身边的学霸名列前茅却看起来毫不费力？

1 我们的问题

定目标的时候信心满满，完成目标的时候难上加难。越是要求自律，越是难以完成学习任务，最后草草了事。学完的知识点时间一久就忘记，不清楚的知识点越攒越多，最后自暴自弃。

2 我们的误区

只要自律就可以成为学霸。但阶段性的自律会导致间歇性的努力，换来的可能是持续性的失败。

3 学霸的做法

一时自律很容易，但一直自律却非常难。这时候学霸都会转换赛道，让自己通过刻意练习养成好的学习习惯，好习惯才能让学习更加高效。

如何通过刻意练习养成好的学习习惯

第 1 步：选择具体的学习习惯

选择一个具体的学习习惯作为目标。

例如，每天晚上复习课堂内容或者定时做作业。

请用 SMART 原则给自己设定一个有效的目标：

第 2 步：设定明确的目标和计划

让目标更加明确，以便于你制订计划。

例如，设定目标："每天晚上用半个小时复习当天的英语课程。"在计划中，需要明确每天何时开始复习，比如在晚饭后或者洗漱前的特定时间段。

写下你的目标和计划：

第 3 步：建立提醒和触发机制

寻找触发点来提醒自己。触发点是一个信号或者环境因素，能够帮助我们意识到是时候执行计划了。

例如，每天晚饭后回到自己的书桌前就是一个触发点。

请写下你的触发点：

第 4 步：执行计划并记录进展

按照设定的计划和目标，每天进行复习或完成作业。

例如，使用一个进度表或者小本子记录每天的完成情况，可以用勾号或者颜色标记来表示。

时间			
完成情况			
时间			
完成情况			

第 5 步：给自己反馈

每天坚持执行计划，时间久了难免会产生惰性。你可以给自己设置奖励机制。例如，坚持一周可以奖励自己 30 分钟时间看喜欢的电影，连续坚持两周、三周可以奖励自己额外的游戏时间……

请写下你的奖励机制：

跟着学霸学方法

最棒的网球选手——罗杰·费德勒

在罗杰·费德勒年轻的时候，没有人能预见到他将成为家喻户晓的传奇。他从小对网球充满了热情，梦想成为一名顶尖选手。然而，他很快意识到，在这个竞争激烈的体育世界中，想要脱颖而出，必须培养良好的习惯。

每天清晨，费德勒会在日出前来到网球场，久而久之，日出就成了费德勒培养好习惯的触发点。在练习中，他不只是练习挥拍打球，而是把目标集中在刻意练习每一个动作上——发球、截击、控制力，他都精益求精。

他还会列出需要改进的技术和战术，然后一丝不苟地执行。他懂得将大目标分解成小目标，每一次成功都能激励他更进一步。

随着时间的推移，费德勒在训练中培养了非常强大的专注力和持久力。无论是在比赛中还是在日常训练中，他都能全神贯注地投入其中。他深知，这些习惯不仅仅是为了赢得比赛，更是为了让自己成为一个全面发展的运动员和领袖。

费德勒的良好习惯最终结出了丰硕的成果。他最终成为历史上最伟大的网球选手之一，创造了无数的纪录和传奇。他的故事告诉我们，良好的习惯是可以通过刻意练习培养出来的。拥有良好的习惯，任何人都可以做到事半功倍，取得非凡成就。

刻意练习心流学习法

你知道什么是心流状态吗？心流是一种专注而愉快的状态，在这种状态下，人们可以非常顺利地完成任务。它就像生活中的润滑剂，让一切变得更加顺畅。进入心流状态时，周围的干扰仿佛都消失了，只剩下全心投入和享受学习的感觉。这样不仅能提高效率，还能让长时间的学习变得更加愉快。

① 我们的问题

没有从心底认可自己的目标，学习就成了一件被动的事情。在书桌上，总是放着一堆诱惑自己的玩具和零食，让自己不能专注地学习。

② 我们的误区

很多同学认为“心流”是轻松玩耍的感觉，其实不完全是。心流是你做一件事时完全专注，觉得特别有意思，但这件事必须有点挑战，要动脑筋。比如你做一道数学题，刚开始觉得难，但你集中注意力慢慢做就会觉得越来越有意思、越来越有成就感。

③ 学霸的做法

学霸通常会把进入“心流”当作一项有趣的挑战，而不是觉得任务很难就放弃。他们会认真挑选适合自己的任务难度，在做事情时专心投入，享受解决问题的过程。

心流学习法的步骤

第 1 步：设定清晰的目标

步骤：每次学习前，确定你要完成的具体任务。

示例：今天我要学习 20 分钟的数学，完成 3 道乘法题。

给自己设一个目标：

第 2 步：选择适当的挑战

步骤：任务要有适当的难度，不要太简单也不要太难，保证能够在规定时间内完成。

示例：如果乘法题很简单，可以选择稍微复杂一点的题目，挑战自己。

给你的目标配置相应的难度：

第 3 步：消除干扰

步骤：找一个安静的地方学习，关闭电子设备，将注意力专注在任务上。

示例：把手机放到远离桌面的地方，确保周围没有噪声。

第 4 步：专注于过程而非结果

步骤：享受学习的每一刻，不要只想着结果，过程中的进步会带来成就感。

示例：做数学题时，享受解题的每个步骤，感受自己逐渐理解的乐趣。

第 5 步：保持短时高效

步骤：将学习时间分成短小的段落，每次专注 20—30 分钟，然后休息 5—10 分钟。

示例：学习 20 分钟后，休息 5 分钟，可以做伸展操或喝水。

第 6 步：及时反馈与调整

步骤：在学习过程中，不时检查自己的进展，根据情况调整学习方式。

示例：如果在做数学题时卡住了，可以回顾一下解题步骤，看看是不是哪里理解有误。

第 7 步：享受成就感

步骤：完成每个任务后，给自己一点奖励或者自我肯定。

示例：完成 3 道数学题后，给自己一个小奖励，比如吃一块小饼干。

爱因斯坦写给儿子的信

爱因斯坦写给他儿子的一封信中，说到了“心流”。被称为世界上最聪明的人的爱因斯坦，是如何教导孩子的呢?

爱因斯坦在谈到心流学习法时，这样写道：

“我很高兴你在弹钢琴上找到了乐趣。在我看来，弹钢琴和木工活是你这个年纪最好的消遣，甚至比上学还要好。因为没有比这些活动更适合像你这样的年轻人的了。

“大多数时候，你可以弹一些令你开心的曲子，即使不是老师布置的曲子。这就是将学习效率最大化的方式，即当你沉醉于做某件事情的时候，你甚至都没有留意到时间的流逝。我有的时候过于埋头专注于自己的工作，竟然忘记了吃午餐……”

以上是这封信的一部分内容，作为父亲，爱因斯坦情真意切地鼓励自己的儿子去跟随自己的内心，做自己发自心底热爱的事情，专注地做下去，在挑战的过程中，体验“心流”的快感。这种懂得心流学习法的孩子，在今后的人生中，会更专注地挑战自己，完成人生大戏中的一个又一个小目标，直至圆满通关。

学会了心流学习法，你就拥有了一项受益终身的核心竞争力。

番茄学习法帮你保持专注

你可能会碰到这样的情况：周末和寒暑假的时候，你也会给自己安排大段的时间进行学习，但往往收效甚微；明明目标拆解得很细小了，但是自己对学习的专注度反而降低了。如果你有这种情况，那么问题可能出现在你忽略了学习时长这件事上。人的持续专注力大多在15—40分钟，学习时间过长，人的记忆力、理解力都会下降，学习效率也会随之下降。

1 我们的问题

我们在学习一会儿后，总需要很长一段时间来休息，甚至是学习 5 分钟，休息一小时；或者是持续很长的时间都在学习，中途也不休息，这样就会使大脑进入一种很疲惫的状态。

2 我们的误区

很多人常常把“盯着书”当成专注。实际上，专注不在于时间长短，而是集中精力在学习上，效率比时间更重要。长时间的低效学习，不仅浪费精力，还会让大脑疲劳，反而导致事倍功半。

3 学霸的做法

学霸懂得利用工具进行“深度学习”，通过分块时间高效集中精力，避免无效的拖延和分心。他们还擅长定期休息，保持大脑的良好状态，确保每次学习都能保持高效和高质量。

番茄学习法

番茄学习法是一种简单易行的时间管理方法，它通过将时间划分为固定的时间段，即“番茄时间”，来帮助人们集中精力完成任务。

= 专注 25 分钟 + 休息 5 分钟

第 1 步：选择任务

在开始一段“番茄时间”之前，选择一个需要完成的任务，并将其写在任务清单上。

写下一个今天你要完成的任务：

第 2 步：启动计时器

设定 25 分钟的计时器，开始专注于完成任务。

第 3 步：全神贯注地学习

在 25 分钟的“番茄时间”内，尽量避免外界干扰，全神贯注地完成任务。

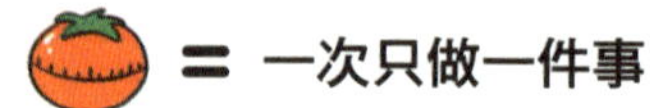

第 4 步：休息

当"番茄时间"结束时，停止学习并休息 5 分钟。休息时可以全身心地放松，不去想学习的事。

第 5 步：重复循环

继续启动下一段"番茄时间"，重复上述步骤。每完成 4 段"番茄时间"后，进行一次长时间的休息。

你完成 4 段"番茄时间"了吗？

第 6 步：评估和调整

长时间的休息一般为 20 分钟，在每个长时间休息期间，评估自己的学习进度和效率，并根据需要调整任务清单或"番茄时间"。

20 分钟的长时间休息你做了什么？你感觉之前的学习效率怎么样？

番茄学习法——某省文科状元胡同学的秘密武器

2016年某省文科状元胡同学，高考总分643分。其中，语文118分，数学144分，外语144分，综合237分。他的秘密武器就是番茄学习法。

番茄学习法的创始人是意大利人弗朗西斯科·西里洛。20世纪80年代，他发现通过将工作时间切割成短暂的时间段，并结合短暂的休息，能够大大提高工作效率和专注度。他将这种方法命名为“番茄工作法”，灵感来自他使用的厨房定时器，这个定时器的形状恰好像个番茄。

胡同学在平时的学习中，使用的就是番茄学习法。在开始学习之前，他会列出要完成的学习任务清单，计划好在一定的时间内完成某一个任务。当然，这份任务清单一定要合理，如果以一个小时来完成一项任务的话，精力就会特别集中。中间小憩后，开始下一段番茄时间，继续完成清单上的下一个任务。重复这个过程，直到完成所有任务或者完成一份任务清单上的番茄时间。

番茄学习法的关键在于持之以恒。每天坚持使用番茄学习法，有助于培养良好的学习习惯，提高学习效率。

八大习惯让你告别“普娃脑”

其实世界上没有差的学生，有些学生学习成绩不理想，大概率是因为没有好的学习习惯。如果你认真观察身边那些成绩优异的同学，不难发现，他们都拥有与自己匹配度极高的学习习惯。只要我们每天坚持八个改善大脑的习惯，日积月累，一定会有意想不到的良好效果。

❶ 我们的问题

对同一道题常常一错再错，自己也不知道为什么；预习和复习的时候，也不知道该做什么，总是对着课本发呆；老师上课的时候，好多内容都听不懂，课后又不敢去请教老师。

❷ 我们的误区

认为学霸有很多深奥的学习方法，这些学习方法只有学霸才能掌握，而我们根本掌握不了。学霸们预习，总能找到重点；学霸们复习，总能复习得非常精准。

❸ 学霸的做法

计划有规律、预习争主动、听课重效率、复习讲方法、作业要自律、错题常反思、难题会溯源、考试抓重点。

八个改善大脑的习惯

第1个习惯：计划有规律

在制定一个相对较长期的学习目标的同时，一定要制定一个短期学习目标，达到了一个目标后，再制定下一个目标；制定较为详细的时间安排计划表，严格遵守并坚持下去。

你对语文学科有什么计划吗？列一个较为详细的时间安排计划表吧。

第2个习惯：预习争主动

预习时，每科用10分钟左右的时间通读教材，把不理解的内容记录下来；将模糊的、有难度的知识点写下来；预习的最高层次是练习，可以适当做一些练习。

第3个习惯：听课重效率

听课必须做到跟住老师，抓重点，当堂懂，更重要的是抓对自己有用的重点，关注自己预习中的不懂之处。事实证明，不预习当堂懂的只占整堂课知识的50% ~ 60%，而预习后懂的则能占到80% ~ 90%。当堂没听懂的知识当堂问，当堂懂。

你在听课上有什么困难吗？打算怎么克服？

第 4 个习惯：复习讲方法

有效复习的核心是做到五个字：想、查、看、写、说。

想：即回想、回忆，是闭着眼睛想，在大脑中放电影。

查：通过间隔性回想 2—3 遍的方式排查，模糊的和想不起来的就是漏缺部分，需要从头再学。

看：即看课本、看听课笔记。

写：随时记下重难点、漏缺点。

说：即复述。

每天都复述一下自己学过的知识。听明白不是真的明白，说明白才是真的明白。试着用上面的方法进行复习。

第 5 个习惯：作业要自律

写作业要限时，记录作业时间，与作业无关的事什么也不做。先复习所学的内容，然后做作业。作业做完后必须检查一遍。写完作业后，问自己学会了什么。独立完成作业不抄袭。

例如：限时 20 分钟写完英语作业，25 分钟写完数学作业。

你能更加自律地完成作业吗？可以用什么方法？

第 6 个习惯：错题常反思

记错题本是为了以后复习使用。错题反映了你有哪些知识点没有掌握牢固。

例如：每隔一段时间要复习一次，盖住原题解析，自己动脑子想。

你有错题本吗？

第 7 个习惯：难题会溯源

给难题列一份所需知识清单，反思自己考试时的思维错误点，借助参考答案找到自身存在的盲点、疑点、难点。

例如：难题需要每隔一段时间复习与检查一次。

你是怎样解决难题的？

第 8 个习惯：考试抓重点

巧用丢分统计表。按科目分为填空、选择、计算、阅读等题型。哪里错了、丢了多少分，看统计表就知道哪里是自己的薄弱环节了。

例如：别的部分都没怎么丢分，就是计算题丢了很多分，那就重点复习计算。

上一次数学考试，你哪部分丢分最多呢？

跟着学霸学方法

错题本使用的三个阶段——清华学霸的好习惯

清华大学学霸冯同学，依靠良好的学习习惯在学习之路上过关斩将，而她在错题本的运用上可谓是经验丰富，她归纳出了错题本使用的三个阶段。

第一阶段，初学知识点阶段。第一次接触这个知识点的时候，知识掌握得比较薄弱，错题的整理方法就比较原始。比如数学学科的错题整理，可以把错题复印下来或者抄下来，直接“搬运”到本子上。冯同学不太赞成当时就写订正，她的习惯是先在习题册上标注，周末回家剪贴好，然后抽出一个下午的时间重新做一遍，或者在下个星期再开始去重新做。

第二阶段，较为熟练掌握知识点之后。这个时间跨度是比较大的，可能是单元考或者期末的备考阶段。熟练掌握之后的错题整理，就不必要做简单的“搬运”了，而是要有意识地进行分类。哪些是粗心造成的，哪些是没有掌握的，分别标出来，还可以采用难度分类标注。

第三阶段，十分熟练掌握知识点之后，而且已经复习多次。这个阶段错题整理既要梳理思路和方法，又要引导自己融会贯通，把知识学成一个整体。这一阶段可以按考点分类。

好习惯都是可以通过刻意练习养成的，有了这些好的习惯，学习也会更轻松、更有效，你的成绩也会有显著提高。

第5部分

刻意练习
突破学习停滞期

学习为什么会遇到停滞期

你应该有过这样的感受：学习过程中，当努力了一段时间，取得了较大进展后，提升速度开始变得缓慢甚至停滞不前，学习效率也开始降低，就如同费了很大力气爬上了一个很高的坡度，却发现自己离顶峰还十分遥远一样。这种现象，我们称之为“学习高原期”。学习一般分为开始阶段、迅速提高阶段、学习高原期和克服高原期四个阶段。“学习高原期”是每个人学习过程中必须经过的四个阶段之一。

❶ 我们的问题

学习知识的难度提升之后，没有办法消化越来越难的知识；对自己的知识量了解不足，因自大自满而失去了学习动力；当学习热情消退之后，学习的效率就难以保持，学习成绩出现了下降。

❷ 我们的误区

很多学生常会认为学习高原期就是“努力了但没进展”，于是干脆放弃或把精力转向其他事物。实际上，高原期是正常的进步过程，突破它需要调整方法和保持耐心，而不能一味地逃避或放弃。

❸ 学霸的做法

学霸也会面临学习高原期，他们会通过调整心态、合理规划、适度休息、变换学习方式、专题突破、知识梳理、反馈反思等方法，来让自己快速克服高原期，进入下一轮的高效学习阶段。

三步突破高原期

第1步：告诉自己“这很正常”

当你努力学习，却感觉进步变慢，甚至停滞不前时，你可能会觉得自己遇到了瓶颈，心情也变得有些低落；你可能会开始怀疑自己，甚至想放弃。其实，这种情况非常常见！每个学生都会经历学习高原期，这并不意味着你做得不好，而是每个人在学习中都必须渡过的一道难关。所以，第一步就是告诉自己：“这很正常！”只要坚持下去，突破瓶颈是迟早的事。

第2步：查漏补缺，巩固基础

学习高原期往往是因为基础不牢固造成的。想想看，你刚开始学习时进步很快，但随着要学的知识越来越多，你可能没有完全掌握，那么是时候回头巩固基础了。你可以重新复习以前学过的内容，确保自己理解了每个基础概念。这是打好知识根基的关键！此外，重新审视自己的学习方法也很重要，可能需要调整策略，比如多做一些练习，注重理解而不仅仅是记忆。

第 3 步：调整心态，迎接挑战

学习高原期不仅是对知识的挑战，更是对心理的考验。你可能会觉得有些沮丧，觉得自己好像再努力也进展不大。这个时候，调整心态特别重要。你要告诉自己："这是突破的前兆！"战胜这段艰难的时期，你会变得更强大，思路也会变得更加清晰。只要坚持下去，你就能迎来突破，看到更大的进步。

实用小贴士

每天给自己设定小目标：不要因为看不到大进展而灰心，试着每天定一个小目标，逐步完成。这样可以帮助你保持充足的动力。

定期复习：你之所以进入学习高原期往往是因为基础不牢固，这时候复习尤其重要。每天花点时间复习旧知识，可以强化记忆。

调整学习方法：如果发现自己卡住了，尝试换一种学习方法。比如可以通过做题、讨论或用其他方式加深对知识的理解。

保持积极心态：学习过程中难免会有不顺的时候，但这并不意味着失败。你要保持积极心态，耐心等待突破。

从班级垫底逆袭考上北大

某省2022届毕业生丘同学，凭借高考683分的优异成绩，成功被北京大学电子信息类专业录取，真是令人赞叹！然而，丘同学的学习之路并不是一开始就那么顺利。

他曾经在班级里成绩垫底，感到自己陷入了学习的瓶颈期。无论他怎么努力，进步总是那么缓慢，他也曾因此迷茫过。但是，丘同学没有轻易放弃。他明一个道理：学习中的“高原期”是每个人都会遇到的正常阶段。他没有被困惑和困难打败，而是果断地调整了自己的学习方法，改变了策略，保持乐观的态度，坚定地告诉自己“只要坚持，就一定会有突破”。

当他感到迷茫时，他会去找班主任聊聊，班主任总能给出一些智慧的建议，帮助他一解心中的疑惑。因为老师在课堂上要顾及所有同学，所以课后丘同学会主动向任课老师请教自己不懂的问题。

在经历了这一切后，丘同学的心态变得异常稳定。即便成绩偶尔有波动，他也不会因此焦虑不安。因为他知道，学习中的每一次挑战，都会让自己变得更加坚韧和成熟。

所以说，学习中的“高原期”并不可怕。它就像是登山时遇到的一个小高峰，虽然有些难爬，但只要调整好方法，保持积极的心态，就一定能够越过它。经历过这些，你才会变得更加自信和坚强，从而能够更好地面对未来的挑战。

这样学习真的卓有成效

在你的学习“舒适区”里，正向反馈就像是给你加油的动力源泉！正向反馈能帮助你发现自己的进步，让你信心满满，觉得学习其实挺有趣的。而如果你遇到困难，收到负反馈，就可能有点想逃避，不想继续做了。其实，只要把擅长的学科当作“超能英雄”，带着弱一些的学科一起飞，慢慢地，你的学习“舒适区”就会越来越大，你也会变得越来越优秀！

1 我们的问题

优势学科上用的好方法没有带动弱势学科，优势学科没有更强，弱势学科也没有提高。在自己的学习“舒适区”中，不肯也没能力迈出一步。

2 我们的误区

只要有人夸我，我就能学好！

老师夸我了，就代表我已经很棒了！

只要我听到了正面评价，就可以忽略学习中的问题。

3 学霸的做法

正向反馈让他们认识到自己的优点，让自己更有信心。但他们清楚地知道真正的进步是要看到自己的不足，并加以改进。靠自己的努力，才能让学习更上一层楼！

正向反馈的方法

方法 1：要具体的

具体的反馈是非常重要的。这不是说“我做得很好”，而是给出具体的例子来说明自己做得好的地方。

例如：可以说“我在这次考试中的阅读理解部分表现非常出色，我对文章的理解深入且准确”。这样的具体反馈可以帮助你更好地理解自身的优点，以及应该继续发挥的方面。

方法 2：要及时的

及时反馈同样非常重要。如果你能在完成任务后尽快给予反馈，那么这个反馈就会更加有效。这也意味着你需要在时间上进行科学的规划，确保有足够的时间来给予反馈。

例如：带着疑问去看书，去书中寻找答案。每找到一个答案就能获得一次正反馈，大幅度缩短了反馈调节周期。

方法 3：要鼓励性的

正向反馈应该是鼓励性的。你应该强调自己做得好的方面，而不是强调做得不好的方面。你给出的反馈，应该以鼓励为主，而不是批评。这样可以帮助你更好地发现自己的优点，并激励自己继续努力。

例如：当你做出了一道有难度的题目，你可以鼓励自己：“瞧瞧我多棒，这道题学霸都不一定做得出呢！”而不是说：“做出来是正常的，做不出来才笨呢！”

清华学霸提分宝典：正向反馈

褚同学是清华大学2023级致理书院信息与计算科学专业的学生。他的学习之路虽然有时平坦如大道，有时崎岖如山路，但他总是保持着一种积极向上的态度，一步步朝着自己的目标迈进。

他也曾有过怀疑自己的时刻。在信息学奥赛中失利后，褚同学回到了高考的赛道。面对一堆陌生的知识点和复杂的题目，心里的失落像一块沉重的石头，压得他喘不过气来。

幸运的是，褚同学很快调整好了心态，不断给自己积极的反馈。他告诉自己，每一道题目都不能放过，必须弄懂、弄清楚，不能轻易放弃。为了保持动力，他和身边的一群志同道合的伙伴相互鼓励，携手前进。学长们给了他很多宝贵的经验和建议，竞赛教练也始终在背后为他加油助力。最让褚同学感到幸运的是，他的学校是一个充满正能量的地方。在高三那个紧张的时刻，老师们也帮助他保持思考的习惯，使他把自己擅长的学科与薄弱的学科结合起来，提升了成绩，也帮助他找到了更远大的目标。

对于褚同学来说，进入清华大学是他一直以来的理想。他通过正向的反馈，点燃了前行的动力。他坚信，只要不断努力，梦想终会实现，就像奔向山海的诺言，永远伴随着他前行的步伐。

找到自己的“拉伸区”

找到自己的“拉伸区”就像是在玩“找宝藏”游戏。你可以先从自己最擅长的事情开始，如果你数学很棒，那就试着做一些比平时难一点的题目；如果你语文不错，那就试着读一些长一点的文章，做些有点挑战的题目。记住，“拉伸区”就像是一个“微微有点难”的地方，不会让你觉得崩溃，但做完后你会觉得自己变强了。就像弹簧一样，拉开一点点，就能弹得更高。

❶ 我们的问题

常常倾向于重复做自己已经掌握的题目或知识点，避免去接触难度较高或自己不熟悉的内容，以防陷入“做题多，成绩不变”的困境。

❷ 我们的误区

很多人认为学习上所谓的“拉伸区”就是自己不会的地方。抛开难度层级进行大量训练，只会打击自己的信心，增加学习的难度。

❸ 学霸的做法

学霸会花大量的时间去梳理哪些内容处在自己的“拉伸区”，去弄清楚特别容易错或不会做但稍微努力一下就懂的内容，然后努力把他们的“拉伸区”变成他们的“舒适区”。

"拉伸区"的关键词

关键词 1：经常出错的地方

做题时，有些题目经常会出错，说明这些知识点你还没有掌握牢固，那么你要针对这些知识点，检查出错误的原因，好好分析。

例如：利用错题本让自己在常常出错的地方不停地进行"拉伸"训练，练习到完全掌握这些错题类型的所有知识点。

关键词 2：目前还不会的地方

学习的内容有难的，也有容易的。简单的容易掌握，有难度的不容易一下子就学会。目前还不会的知识，要找到适合自己的方法去弄懂。

例如：觉得借物喻人的作文自己不会写，可以多读读范文，看看别人是怎么写的。

关键词 3：努力一点就可以学会的地方

只要稍微认真努力一点就可以学会的地方，这就像是"跳一跳就可以摘到的桃子"。经过一定的努力，循序渐进，去获得之前没有掌握的知识。

例如：学地理"七大洲四大洋"总是记不住，可以多看看世界地图，找找它们所处的位置。

找出那些你曾经觉得有些困难但后来成功掌握的领域。

跟着学霸学方法

走出“舒适圈”，找到“拉伸区”

说起邓亚萍，在她14年的运动生涯中，共拿到过18个世界冠军，在乒坛排名连续8年保持世界第一，是乒乓球史上排名“世界第一”时间最长的女运动员。那段时间，邓亚萍可以说是光芒万丈、声名大噪。

在正式退役之后，邓亚萍也并没有选择做教练或者挂名某个官职，而是多次选择了从零开始，选择走出“舒适圈”，找到“拉伸区”。她能够抛弃一名成功运动员的耀眼光环，转身投入商界，从零开始起步，在投资的道路上越走越稳，创造了更高的价值。我们依然能感受到她的聪明和机智，看见她一贯的虎虎生风的样子，她始终在勇往直前地持续进攻，眼神永远保持清澈。

邓亚萍的事例说明，想要突破瓶颈，破茧成蝶，就需要走出“舒适区”，找到“拉伸区”。而这从本质上来说其实就是“舒适区”和“拉伸区”之间的“舍”与“得”，究竟如何选择，把握在你自己的手中。

“拉伸区”才是提分最快的地方

“拉伸区”才是提分最快的地方！

“舒适区”就像躺在沙发上看电视，轻松但没进步；“困难区”就像爬一座难以逾越的大山，太累，搞不定就想放弃。而“拉伸区”刚刚好，它就像是在超级训练营里，教练给你安排的那些“有点挑战”的任务，既有一点难度，又不会让你太崩溃，每次攻克一个小难关，你就能看到自己变得更厉害了一点。

1 我们的问题

设定的目标要么太简单，要么过于严苛；为了完成学习任务，而降低标准；遇到问题只找主观原因，怪老师讲得不清楚、怪题目太难，不会在自己身上找原因。

2 我们的误区

学渣往往在匹配学习难度时存在误区，没有认识到“适当的难度”才是提高的关键，而不是一味地追求过难的任务或停留在过于简单的内容上。

3 学霸的做法

学霸会通过确定学习目标、识别“拉伸区”、制订计划并坚持执行、培养自律习惯、保持积极心态，反馈与修正自身缺点，以及不断挑战自己。他们会采取多样化练习、与他人交流等方式来提升自己，不断提升创造力，让自己在学习上得到长足的进步。

如何找到自己的“拉伸区”

第 1 步：认识自己的舒适区和能力边界

这一步就像你玩游戏，知道自己的角色在某个关卡“打怪”不成问题，但要向下一个关卡进发，就需要提升技能了。比如，你在做两位数加减法的时候正确率在 99% 以上，那这一定是你的“舒适区”。但保证正确率的同时让你提速 10%，对你来说很有挑战，那这里暂时就是你的能力边界了。

第 2 步：逐步增加挑战的难度

“拉伸区”的任务不应该一开始就让你觉得头昏眼花。如果题目太简单，那就稍微加点难度；如果太难，那就稍微降低一点挑战。通过不断调整任务的难度，你可以找到那个最适合自己当前水平的挑战点。

第 3 步：接纳失败与挫折

在“拉伸区”练习时，失败是必不可少的调剂品。想象你正在学游泳，刚开始溺水几次，感觉像要被淹死了，但每一次失败，都是你学习的一部分。失败并不是说明你不行，而是在告诉你：“嘿，继续努力，你正在突破自己的极限！”所以，不要害怕跌倒，跌倒后站起来再跑一圈，你的进步会让你大吃一惊。

第 4 步：不断反馈和调整

要时刻关注自己的进步，像调整游戏难度一样，根据反馈不断调整学习方法。跟朋友交流一下，问问他们是怎么做的，或者请教老师。通过不断地调整，你可以始终待在那个神奇的“拉伸区”，不断推动自己前进。

跟着学霸学方法

学霸的魔法阶梯

在《最强大脑》的舞台上，王昱珩面对500杯完全相同的清水，如同施展魔法般精准锁定目标。这位被称为“水哥”的观察达人，其实是用科学方法创造了奇迹——他自创的“梯度训练法”。就像幼儿学步先扶围栏，他最初用带标签的水杯练习，待视觉敏锐度达到“显微镜”级别后，才逐步挑战无标识的水杯。这种层层递进的学习方式恰似建造阶梯，每次仅增加5厘米，最终却能登上百尺高楼。

脑科学研究证实，大脑如同弹性极佳的橡皮筋，长期松弛会失去活力，过度拉伸则易断裂。最理想的状态是保持“70%熟悉内容+30%新鲜挑战”的黄金比例。我们可以把作业本变成探险地图：用基础题热身激活思维，给难题插上标记旗暂存，重点攻克那些“思考片刻便能领悟”的进阶题目。就像骑自行车，先掌握直线平衡，再尝试弯道技巧，最终享受自由驰骋的乐趣。

真正的学习魔法，在于找到属于自己的“难度标尺”。如同烹饪讲究火候，太温和难以激发潜能，太猛烈容易挫伤信心，唯有“适度挑战”才能让智慧沸腾。当你在作业本上为题目贴上三色标签时，就是在亲手搭建通往知识殿堂的阶梯——每一步都坚实，每一级都精彩。

第6部分

学霸都是“方法控”

知识怎么记忆才牢固

学习中，我们要接触大量的词汇、诗词、公式、实验步骤、历史事件等，有时我们会觉得心力交瘁，什么都记不住。在我们的大脑里，负责信息加工处理的部位叫作海马体。只有那些被海马体判定为非常重要的信息，才会被长期记忆。因此，我们要用科学的记忆方法，让海马体把知识牢牢记住。

1 我们的问题

默写课文时，总是需要反复翻书提示自己；课堂上老师讲解的内容，一回到家就变得模糊不清，甚至有时候连作业内容也会忘记。

2 我们的误区

在记忆知识时，我们往往采取简单的抄写和背诵的方式，然而效果却不如预期。只靠死记硬背，不仅效率低下，还容易在短期内遗忘知识，难以形成长期记忆。

3 学霸的做法

记忆力是可以通过科学的练习和技巧来提高的。学霸们通常会运用一些有效的记忆方法，比如情绪记忆法、归分记忆法、反复记忆法、分享记忆法、联想记忆法、挂钩记忆法、思维导图法等。这七种方法就像是七种不同的“记忆拳法”，既可以单独使用，也可以灵活组合，帮助我们更高效地记住知识。

记忆的几种方法

方法1：情绪记忆法

你的情绪，如喜悦、悲伤、焦虑、难过等，主要由大脑的杏仁核来管理。杏仁核与负责记忆的海马体之间有着紧密的联动关系。当情绪被激活时，杏仁核会向海马体传递信号，告诉它这件事情很重要，值得记住。因此，情绪的波动往往能显著增强记忆效果。

比如说，一些同学在考试前常常感到紧张焦虑，而这种情绪正好激活了杏仁核，使得大脑更容易在短时间内记住学到的内容。这就是考前“临时抱佛脚”有时能有效提升成绩的原因。

例子：记忆“南京大屠杀”时，代入受害者视角的悲痛情绪，事件的时间和细节会因情感共鸣而记忆得更深刻。

方法2：归分记忆法

我们需要记住很多东西时，可以把这些信息分成几组，这样更容易记住。每组的内容最好不超过7个，因为大脑一次记忆太多会很疲劳。把内容分类，记忆会变得更简单。

例子：记英语单词时，我们可以把长单词拆开，分成几部分。例如：“information”可以分成“in–for–ma–tion”，每个小部分单独记忆，最后再把它们拼起来。这样你会发现记单词变得轻松多了。

你能想到用分组记忆法记忆哪些知识？

方法 3：反复记忆法

要记住知识，光记一次是不够的。如果不复习，学过的内容就容易忘记。你需要通过反复复习来帮助大脑记住这些知识。

你可以把要记的内容做成小卡片，每张卡片上写一个知识点，然后在卡片的角落写上“复习时间”。这样，你就可以每天抽空拿出卡片来复习，这些内容会记得更牢固。

知识点 / 复习时间	完成程度

方法 4：分享记忆法

如果你能把学到的知识告诉给别人，自己的记忆会更牢固。因为当你教别人时，你必须把学到的东西完全弄懂，才能讲得清楚。

例子：如果你学会了一道数学题的解题方法，可以尝试把这个方法教给你的同桌或者朋友。这样你不仅能加深记忆，还能帮助别人一起进步。

你有没有用过分享记忆法？如果有，说说你教别人什么了吧。

方法 5：联想记忆法

联想记忆法就是通过把知识和有趣的画面或者故事联系起来，帮助你记住内容。这样不仅能加深记忆，还能让学习变得更有趣。

例子：如果你在学古诗《望庐山瀑布》，可以想象诗里的画面："日照香炉生紫烟，遥看瀑布挂前川。"香炉峰在太阳的照射下，升腾起紫色的烟雾，从远处看去，瀑布好似白色的绡绸挂在山前。把诗与这些画面联系在一起，能帮助你记住这首诗。

你有没有用过联想记忆法来记知识点呢？请尝试使用联想记忆法且把你的使用过程记录下来。

方法 6：挂钩记忆法

挂钩记忆法是把难记的东西和容易记住的东西联系起来，像把一串东西挂在钩子上一样。通过这个方法，你可以把枯燥的知识变得更有趣、更容易记住。

例子：你可以通过谐音将数字转换为常用字，然后根据这些字编故事，形成画面。例如：1503 年，苏格兰和英格兰签订永久和平条约。

想象一下这个场景：苏格兰和英格兰签订和平条约后，国王亨利七世穿着华丽衣（1）服参加舞（5）会，马车铃（0）声悦耳，侍者打着伞（3）迎接国王。

这样你就能把数字串成一个有趣的故事，记得更牢固。

你可以用挂钩记忆法记住其他数字或事情吗？请举例说说你的记忆步骤。

方法 7：思维导图法

思维导图法是把知识画成一幅图，这样我们就能清晰地看到哪些内容是重要的，哪些内容是辅助的。通过图形化的方式，我们可以更好地理解和记住知识。

例子：如果你要记住一本书的内容，可以画一幅思维导图。把书中的"时间""人物""事件"画成不同的分支。这样你就能一眼看到整本书的大概内容，帮助自己理清思路。

比如《小王子》的思维导图可以这样做：中间画小王子，分出几根"树枝"，分别写"遇到的朋友"（比如玫瑰、狐狸、飞行员）、"去过的星球"（每个星球上奇怪的大人）、"学会的道理"（比如"用心才能看清重要的事"）。用简笔画或贴纸装饰，每句话要短，比如"狐狸说：驯养就是互相需要"，这样既有趣又好记。

你画过思维导图吗？如果没有，下一次学习时可以试试看！

跟着学霸学方法

靠后天掌握的记忆方法
——“学渣”也能逆袭成“学霸”

吴天胜曾在1小时内记住了1800多个数字、在20秒内轻松记住一副次序被打乱的扑克牌、在《最强大脑》比赛中打败世界记忆大师马代奥·萨尔沃……如此大的“记忆量”，相信很多人都会觉得吴天胜从小就是学霸，而且天赋异禀，其实并非如此。吴天胜小时候没有优良的教育环境，也没有异于常人的天赋。中学时期，他的学习成绩一直徘徊在班级中下游水平，语文、英语不及格是家常便饭，他因此一度痛恨背课本和英文单词。改变吴天胜命运的经历就发生在他大学二年级时，他在图书馆偶然看到一则新闻，新闻中谈到这世界上有一种运动叫脑力运动。从那天开始，他下定决心训练自己的脑力，终于找出了适合自己的记忆法。

2007年，在世界脑力锦标赛中，吴天胜脱颖而出，在一小时内记住了1800多个数字，一举成为世界记忆冠军，并且荣获“世界记忆大师”称号。后来他挑战了两项吉尼斯世界纪录，又轻松获得成功。大学毕业后，他顺利考上新加坡南洋理工大学研究生，且受邀到美国斯坦福大学进行交流学习。

从以前的成绩平平到后来的过目不忘，头顶“记忆大师”光环的吴天胜总结道：记性好不是天生的，自己的成功并不是先天的赐予，完全是靠后天训练而来。他相信，好的记忆方法通过不断训练就能获得！

笔记怎么记录才高效

你是不是上课认真听讲、笔记工整，但对课堂内容的理解却仍不到位？为什么学霸寥寥几笔就能够将重点知识标记出来？学习笔记是你在学习的过程中非常重要的输出工具。它不仅记录知识点，也帮你梳理知识点，为你掌握知识提供了很大的帮助。当你懂得了记笔记的方法，笔记就会变成你学习的助力器。

1 我们的问题

很多同学在记笔记时，习惯于照着老师的板书一字不漏地抄下来；还有一些同学，因为不知道该怎么记笔记，干脆什么都不记，笔记本上一片空白。

2 我们的误区

仅仅机械地抄写老师板书上的内容，缺乏对知识的理解和总结。这样做不仅容易遗漏重点，还很难帮助记忆和理解深层次的知识。

3 学霸的做法

课堂上的时间有限，学霸不会原模原样地照抄板书，而是用记框架、记思路、记重难点和易错点、记补充点、记自己的总结和思考，来让记笔记变得更高效。而且，学霸还会在后续的复习和巩固中，不断对笔记进行补充和更新。

笔记记什么

方法1：记框架

课堂上内容多、时间紧，如果没办法及时做记录，你可以先听老师讲，然后记录纲要部分和重点部分，这样知识体系一目了然，其他地方可以在课余时间进行补充，再巩固一遍。

例如：语文课上老师讲《狼牙山五壮士》，你可以把事情发展顺序、文章主要内容、中心思想先记录下来。

你用过记框架的方法吗？举例说说。

方法2：记思路

像数学课和科学课，基础的知识点可能并不是重点，重要的是老师在推导某一个公式时的思路，还有老师解题的小技巧。

例如：一个数乘以2减去3等于5，就要把解题思路写出来，而不是直接写一个答案。

你用过记思路法记笔记吗？

方法 3：记重难点和易错点

需要对笔记的内容进行分层，把重难点和易错点用不同颜色的笔标注出来，便于时刻提醒自己。

例如：老师在讲古文《陋室铭》中的“有仙则名时”，这个“名”是名词用作动词，这里就是重难点和易错点。

请回忆本学期你学习的第一首古诗，提炼出重难点，并记录下来。

方法 4：记补充点

老师讲课过程中，除了讲课本上的知识点，还会有很多延伸的知识，这些知识也是需要加以注意的，自然不能错过。

例如：某篇课文作者的生平和故事。

请回忆本学期的第一篇课文，你记下的补充知识点是什么？

方法 5：记自己的总结和思考

每一节课的知识点都要有自己的总结，最好能梳理出单元的知识和方法的内在联系，形成知识体系。

例如：你上了科学课后了解到热胀冷缩，可以思考生活中热胀冷缩的现象，比如路面每隔一段距离都会留有缝隙，因为在炎热的夏天，路面会受热膨胀，如果不留缝隙，就会向上拱起导致破裂。

你在哪里用过自己的总结和思考？

跟着学霸学方法

康奈尔笔记法：从会做笔记到高效学习

很多学霸都在用一个非常有效的记笔记方法——康奈尔笔记法，此方法是由康奈尔大学的教授沃尔特·鲍克发明的。

康奈尔笔记法的具体操作：

1. 把一页纸分成三部分：左边四分之一左右的空间（线索栏）、下方五分之一左右的空间（总结区）和右上最大的空间（笔记区）。

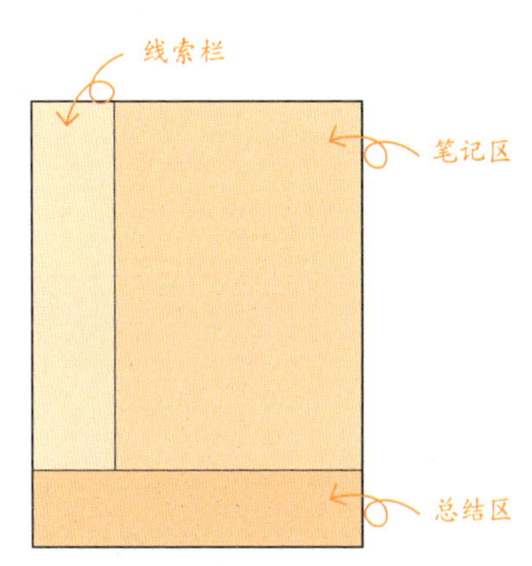

康奈尔笔记法格式

2. 记录时，只把笔记记在右上最大的空间内。做笔记时巧妙使用符号，善用缩写，言简意赅列要点。

3. 课后总结笔记写在最左侧。

4. 复习时一开始就要遮住笔记，只看知识要点。

5. 接着用自己的话复述要点，写在总结区。

6. 多次记忆，每周至少花 10 分钟时间，重读某科笔记，再按要点复述记忆。

康奈尔笔记法是一种集笔记、复习、自测和思考于一体的极其高效的学习方法，能够帮助你更好地理解和掌握各种知识。

怎么听课才能抓住重点

每节课只有 40 分钟，如果听课时不知道怎么抓重点可是一个严重问题，这样就会耗费很多时间和精力，收获却不一定成正比，大大影响听课效率，长期下去会影响学习成绩。要想提高学习效率，听课的时候，千万不要眉毛胡子一把抓，一定要学会抓住重点。

1 我们的问题

很多时候我们在听课时容易走神，无法集中注意力在听讲上；倾向于把所有内容都当作重点，结果弄不清楚哪些才是真正需要掌握的核心知识。

2 我们的误区

能听不等于会听。以为只要老师讲的就都是重点。在听课过程中过于精细，不管老师说了什么，全都要记下来，没有条理和主次之分。导致听了很多却没有真正掌握重点知识。

3 学霸的做法

学霸会格外注意老师讲得最多、最认真，甚至在板书和 PPT 上停留时间最长的内容。对他们来说，重点并不是老师讲的所有内容，而是那些难点、考点和课堂上常常反复提到的知识点。

怎么听课才能抓住重点

方法 1：不断出现的部分

老师在讲课的时候，会把重点知识反复强调几遍，这主要是为了引起学生的注意。

例如：老师在讲解“春风又绿江南岸”中的“绿”字的妙处时，会反复讲解，你要知道这肯定是重点。

方法 2：讲课花费最多时间的部分

老师讲课时，花费时间最多的肯定是重点内容，或者老师会明确指出和强调这个知识点就是重点，又或者老师会多举例子来讲重点内容。

例如：历史老师在讲解辛亥革命的意义时会用比较多的时间，那你就知道这里是重点了。

方法 3：在板书和 PPT 上停留最久的部分

课堂上，某个知识点花费的时间的长短，是判断它是不是重点的重要因素。老师在写板书和播放 PPT 时，讲到某些知识时会停留比较长的时间，是为了让你有足够的时间把重点记下来。

例如：地理课上，老师的 PPT 一直停留在洋流成因与分布上，你就应知道这里是重点。

方法 4：抓难点

因为每个人对难点的接受程度、理解速度都不一样，对于课堂学习中的难点，有的时候你可能还没有理解，老师就进入下一个知识点的讲解中了。这时你需要做的就是迅速地把难点记录下来，课后再次找老师、同学去请教。

例如：数学课上的公约公倍问题是难点，你要认真听讲，花大量时间弄明白。

方法 5：记考点

考点不一定是课堂学习中的重点和难点，但一定是学习输出结果的重点。对于考点，要做到心中有数，不能放过这些知识点。

例如：语文课本里的生字词虽然不是重点和难点，但一定是考点，要会读会写。

跟着学霸学方法

从年级百名逆袭考上北大

龚同学，2014年某省高考理科第一名。高考总分700分，其中语文132分、数学146分、英语138分、理综284分，被北京大学录取！

就是这样的一个学霸，谁能想到他的学习成绩曾经也属于中游水平。初一上学期第一次考试，龚同学仅在班级排40多名，在全年级中则排到400名左右。进入高中后，他在年级也排到100名左右。那么龚同学是怎么成为学霸的呢？这和他认真听课、认真抓重点做笔记是密不可分的。

课堂上，龚同学聚精会神，老师边讲，他边理解边记，不放过一丁点内容。老师讲课花费时间最多的部分，他知道是重点、难点，就会打起一百二十分的精神，每一节课的知识点他都会有自己的总结和思考并记录下来。他的笔记字迹工整、思路缜密清晰、重点抓得特别准，常常被同学借去学习。他还把自己认为比较出色的14本笔记本捐到学校的图书馆，把自己的学习经验分享出去，让更多的同学可以通过这些笔记更好地学习。

看过龚同学的成长经历，你是不是觉得成为学霸并不是异想天开的事，只要找对学习方法并坚持去运用它，相信你也会成为学霸！

课后怎么复习才能精进

当课后要复习的时候，你肯定想知道：该怎么复习呢？复习要及时，要趁热打铁，当天课程要当天复习。时间拖得越长，遗忘的知识就越多。但是，盲目复习的效果并不好。复习不是拼时间，要更加注重质量，复习要有方法和针对性，才能最大限度地提高成绩。

1 我们的问题

在课后复习这个问题上，很多同学要么不复习，要么复习时做很多题，却不去思考，结果就是做了很多题却什么都没学会。

2 我们的误区

有的同学认为“复习 = 做题”，觉得做一堆题就是在努力学习，实际上这就像是跑步时只看脚下，而忘了看方向；还有的同学觉得复习只要读一遍知识点就够了，把时间和精力都浪费在了没意义的地方。

3 学霸的做法

学霸每天的课后复习安排得都很精细，会去重点关注薄弱的地方，查漏补缺，及时巩固。他们复习的方法有“过电影”、看课本、看笔记、做作业、看参考书等。在复习时做到眼到、心到、手到，才能高效，成绩才能提高。

复习的方法

方法1："过电影"

课后，你要认真回忆老师讲课的内容。让老师讲课的全过程，像"过电影"一样在头脑中再重现一遍。这时，你不用看课本，也不用看笔记，嘴巴里不用出声，全凭脑子回忆，通过"过电影"，检查自己听课的效果。

例如：这节数学课学了四则运算，你用"过电影"的方法如果能回忆出大部分内容，说明听课的效果较好；如果许多内容回忆不出来，就要及时检查听课的环节，找到效果不好的原因，尽快改正。

尝试用"过电影"的方法复习最近一节课的内容。

方法2：看课本

课本，一课之本，当然要复习，但不能走马观花地看。看课本，既要看课堂上老师说的重点，也要看"过电影"的时候没有想起来的、比较模糊的知识点。看的时候可随时标记上带有提示性、自己思考的文字，以便以后再看书的时候能呼应起来。

例如：复习课文《观潮》时，要在课本里找出来哪几处地方用了比喻和拟人手法去描绘钱塘江大潮的壮观场面。

请以你学的某一篇课文为例，指出"看课本"要看的知识点。

方法 3：看笔记

即要看课堂上记的笔记。在“过电影”的时候记不清、回忆不出来的那部分内容，一定要在笔记中把它详细整理出来，并做上记号，方便以后复习的时候可以看到。

例如：在复习放大镜的正确使用方法时，你要在笔记中整理清楚，这样就把这个知识点搞明白了。

方法 4：做作业

作业本来就是为复习巩固课堂知识而布置的，所以做作业是复习的环节之一，而且是一个重要环节。

例如：老师布置的作业要保质保量地完成，学有余力的话还可以自己给自己布置一些作业。

方法 5：看参考书

参考书是围绕老师讲课的内容选取的课本以外的书。参考书不用从头到尾一字不落地去看，要有选择地看。

例如：看到和老师讲解的一样的内容就一扫而过；看到对同一问题从不同角度进行阐述的内容就仔细阅读，学会从不同角度、用多种方法解决同一问题。

跟着学霸学方法

考前复习主要针对自己的弱项

徐同学是2014年某市理科第一名。高考前一周，学校已停课，徐同学选择在学校复习。他的复习很有“特色”，值得你学习。

他的英语成绩很好，所以平时花在英语上的时间就很少，最后一周每天花在英语上的时间在10分钟左右。至于语文，他会利用零碎时间复习。理科的练习，则占用了他大量时间。每天的夜自修，他也会按照主次安排时间。

考前一周的复习，徐同学主要针对自己的弱项。他说，自己的理综相对弱些，在考前，每天会选一套模拟卷进行练习，保持状态。“做得好，就会很开心。”做卷子也要讲技巧，比如，时间要固定，即和高考时间相吻合。理综考试在上午，他就严格控制在这个时间段做。“最后几天，其实没什么漏洞了，一些细节要再提醒一下自己，还要注意解题方法。”

徐同学说，还有一个需要做的重要的事情是调整作息。“其实高考前一个月就可以做调整了。早上可以起得晚一点。”他平常都起得很早，五点左右就起床了，高考前夕和高考时会起得晚一些。另外，“熬夜意义不大”，高中三年，他每晚十点就睡，从不熬夜。

考试怎么答题才能拿高分

我们知道，高考成绩相差 1 分，往往会相差成百上千个名次，所以考试的每一分，你都要努力争取。很多人在考试的时候，头脑会突然一片空白，你需要及时调整好心态，大脑就会正常运作了。在考试答题时，除了要有好的心态，还要有好的方法，通过使用这些方法，你的考试成绩很可能会优于平时。

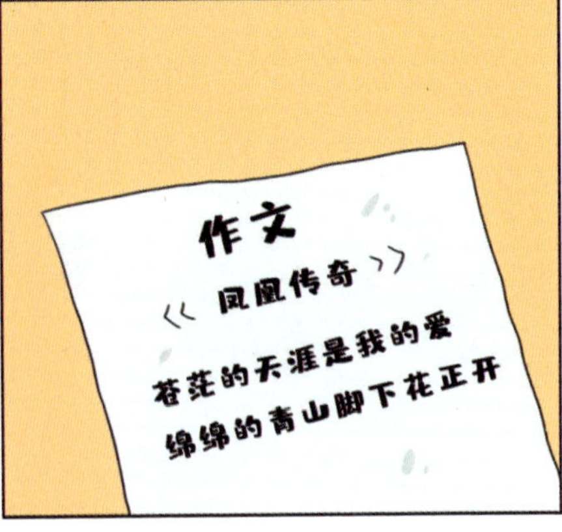

1 我们的问题

在考场上因为时间紧迫，往往读了一半题目就开始做题，这样虽然可以节省时间，但是题目都没搞懂，答起题来必定错误百出；看到不会的题目冥思苦想，非要把它做出来，可是怎么也做不出来，白白浪费了考试时间。

2 我们的误区

认为只要把每道题写得满满当当，就能拿高分。遇到不确定的题目时，总是相信第一直觉，就算后面反复推算得出的可能正确的答案并不是第一直觉的答案，也坚决不改。

3 学霸的做法

学霸在考试答题时，有一套逻辑清晰的方法：认真审题、做题；从试卷中找线索；抓住答题要点；不错漏信息；卷面整洁。他们用这套方法，在大大小小的考试中都能取得好成绩。

答题的方法

方法1：认真审题、做题

先把题目读懂、读通，再去答题，不要轻易下笔，否则很容易离题万里，白白浪费时间。做题过程中要先易后难，不会的先放一边，会的抓紧做，以免耽误时间。

例如：作文要求写最难忘的一件事，可你写了最难忘的一个人，那就偏题了。

你有没有因为没有认真审题而犯的错误？

方法2：从试卷中找线索

在考试时，有时你会一下子记不起来某个知识点，或者想不出答案，这时你可以在试卷中找找线索。先把试卷看一遍，知识点都是相互有联系的，你看到了试卷上的一些专业术语，通过这些关联术语的刺激，可能就会让大脑记起你要的答案。

例如：当你忘记了勾股定理时，你看到试卷上有直角三角形的样子，就会突然想起来了。

你有过在试卷中找线索的经历吗？

方法3：抓住答题要点

有的考生答题时唯恐答不全，于是就把许多有关联的答案都"堆"到卷子上。其实你只要写出该题的要点，就会得到相应的分数，所以答题要抓住要点，这样既能得高分，又能充分利用有限的时间。

例如：语文的阅读题，数学的应用题都是按要点给分的。

请列举一个需要按要点给分的题型。

方法4：不错漏信息

很多时候，漏做了题，或者漏了题目中的信息，通常都是因为专注度不够、信息处理能力不够。你一定要增强专注力，在题目中筛查信息，不要错漏信息。

例如：做题的时候，你常常弄丢进位符号，像512+49=561，得出的是551。

请列举出几个你容易漏掉的信息。

方法5：卷面整洁

有些同学的卷面不够整洁，字迹不清，一笔下去乱作一团，阅卷老师根本看不清楚答案，结果不仅得不了高分，而且原本应得的分数也会丢失。

例如：6写得像9，日写得像月，或是涂涂改改看不清楚试卷上的字。

回忆你有没有因为卷面不整洁、字迹不清楚丢分的情况。

跟着学霸学方法

北大学霸的考试秘籍

刘同学毕业于北京大学，是2015年某省高考文科第二名。作为一名学霸，刘同学的考试技巧是什么？我们一起来看看。

刘同学说，拿到试卷后首先要通读一遍，尽可能做到心中有数。一般规定，在发卷后5分钟之内不能答题，考生应先检查试题的名称、页码顺序有无错误，每一页卷面是否清晰、完整，同时一定要听清监考老师提出的要求及更正试题错误之处。接着将试题浏览一遍，了解试题结构、题型、分值，当读到熟悉而有把握的试题时，应暗示自己“这里可以得分”，以此来树立信心，切忌把注意力集中在吃力的试题上。若通读全卷后尚未到答题时间，则应认真完成大题的审题，最好将大题多读几遍。

千万不要为了赶快做完试卷上的题目就心急如焚，做完一道题之后，马上做下一道题。虽然考试时间对考试结果影响很大，但是这种方法不妥当。因为解答一道题目的思考模式并不一定适合其他的题目，换题前必须让头脑冷静下来。为了以新的思考模式去解答下一道题，就必须暂停5—10秒钟，在心中暗示自己“又顺利解决了一道题”，随后认真地读下一道题，使头脑改变思路。这种表面上看来似乎是浪费时间的做法，实际上却是在节省时间。

考试时常会出现忘记知识点的情况。这时切记不要慌乱，可以放松一下，也可以想想该知识在书的哪一部分，这部分又有哪些知识等。这样的回忆会使你茅塞顿开。

第7部分

保持动机，长期坚持

为什么你无法坚持

在开始一项新任务时，你往往充满了热情和期待，但不久后就感到力不从心，甚至想放弃了。这是为什么呢？其实，无法坚持的原因往往和你对任务的兴趣、信心和目标有关。如果你觉得这项任务很难，或者不知道为什么要做，动力就容易消失；当你认为任务变得枯燥、没有趣味时，你也容易失去坚持的动力。那么，如何才能解决这个问题呢？

1 我们的问题

在学习上总是坚持不下去，三天打鱼，两天晒网；从心底里就不喜欢学习，逼着自己学习时感觉很痛苦，有时还会产生抵触心理，更加不想学习了；学习上一旦遇到挫折，就会很轻易地不想继续努力了。

2 我们的误区

学习基础不扎实导致成绩不理想，成绩不理想导致学习动力不足，动力不足又导致基础不扎实。我们往往只意识到自己学习动力不足，却忽视了由此产生的一系列恶性循环。

3 学霸的做法

学霸在面对大量的知识和长时间的学习时也会产生疲惫的状态，但是他们善用“ARCS 模型”保持动机，从而收获更丰硕的学习成果。

“ARCS 模型”

第 1 项：A——注意力

你要对学习产生心动的感觉，以吸引和维持自己的注意力，可以是感官的吸引，可以是问题的讨论，也可以是多变的方法。

例如：可以给学习贴上“玩耍”的标签，把数学和科学称为“猜谜游戏”，把语文和英语称为“知识竞赛”，像玩游戏一样去学习。也可以用智力教具、去博物馆、看知识类视频，来感受学习的乐趣。

第 2 项：R——关联

你要感受到学习的价值，要和自己的个人需求、生活经验联系起来，因为那些和自己切身相关的事物更能引发你的关注。

例如：学习本身有意思、想让自己更有智慧、学习的内容在生活中很实用、好朋友很热爱学习、想战胜别人赢得自尊、学习可以获得表扬。

第 3 项：C——信心

你要有“我也能行”的自信，通过各种方式来增强你的学习信心，维持对成功的渴望。

例如：积累一次成功的经验，或者以别人成功的例子为榜样。当你认真努力后依然没能成功的时候，可以来一次总结，想一想如何改善学习方法，争取下一次取得成功。

第 4 项：S——满足

你要让自己感受到学习真好，体会学习的快乐，并且能够在学习中获得满足。当你爱上学习，不顾一切埋头学习的时候，就能发挥出自己最大的潜能。

例如：表现好的时候，发自内心地表扬自己，合理地给自己设置小奖励。

“ARCS 模型”
——找到兴趣点，激发学习长久动机

只有找对方向，你才会为此自发地努力。如果你一开始不知道自己的兴趣是什么，可以多尝试，或许偶然间的一句话、一部电影、一本书、一次旅行、一次画展，就可能让你找到自己的兴趣。

有时候一件很偶然的事件，也能激发出长久动机。美国的赛巴斯汀·克劳福德就是如此。5 岁时，妈妈扔下了他，他只能由没有稳定收入的爸爸抚养。但是他并没有自暴自弃，反而树立了远大的理想——成为航天工程师。

这个理想来自电影《星际穿越》，这部电影改变了他，引领着他向自己的目标努力。他开始努力学习，并在课后参加航天课程的学习计划。不过他很快就遇到了困难，他无法凑齐高昂的学费，所以不得不退出训练。

虽然交不起训练费用，但他却没有因此改变目标。他更加发奋地学习，拿到了只针对每年 GPA 维持在 3.8 以上的贫困学生的奖学金，全美仅 106 个名额，金额足足有 2.5 万美元。他也因此有足够的资金继续训练，能够学自己一直钟爱的专业，这也让他对自己的未来更有信心。

赛巴斯汀·克劳福德因为兴趣，不断地付出而有了收获，树立了自信，获得了满足感。

如何让学习像玩游戏一样上瘾

为什么你喜欢玩游戏？因为每次通关后，你都会得到奖励，尝到成功的滋味后，你就会想继续挑战。其实，学习也需要及时的反馈，才能帮助你知道自己做得怎么样，哪里需要改进。及时反馈就像是给你的学习进度打分，让你知道自己是否走在正确的轨道上。这些反馈可以来自老师、同学，也可以来自自己。通过及时反馈，你能更清楚地了解自己的进步，激发继续学习的兴趣，像玩游戏一样爱上学习。

1 我们的问题

因为自己的性格特点总不能及时反馈，慢性子、完美倾向或者对自己要求过高，这些总让你拖拉。你还会认为，只要自己努力地学、不停地学，晚点反馈也问题不大，然而成绩总是令人失望。

2 我们的误区

不重视“及时反馈”的重要性，只想要好的反馈，逃避不好的反馈或者只给自己负面的反馈，比如解数学题时思路错了，给自己的及时反馈不是“太好了，发现错误了”，而是“我真是个笨蛋，总是做错”。

3 学霸的做法

做完一道题目后，学霸通过及时反馈，能够了解自己有哪些不足，已经掌握了什么，对自己的学习情况有一个清晰的认知，大大提高了学习效率。

及时反馈“四问”模式

第1问：这道题考的是什么知识点？

你把这个问题搞清楚了，知道考的是什么，也就知道自己的这个知识点已经掌握了。

例如：这道英语题考的是现在进行时。

你能及时反馈某个题目考的是什么知识点吗？列举一道题说说它考的知识点。

第2问：这道题采用了什么考查方式？

你要明白一道题是用直接的方式考的，还是以变换活用的方式考的？了解考题的难度，也就知道了自己掌握的程度。

例如：考阅读题里某个词语在文章中的意思，那就不是要求直接写这个词语的意思，而是要联系上下文写出这个词语的意思，不属于直接的考查方式。

你会及时反馈这道题考查的方式吗？想一想有没有这样的例子？

第 3 问：这道题的关键点是什么？

读题能力就是信息筛选与处理能力，你要学会给问题归类，提高每一类题目的识别能力。

例如：这道语文阅读题的关键点是文章的中心思想，把这一类的题目归类。

请打开练习册，看看第 1 章节第 1 题的关键考点是什么。

第 4 问：还有没有别的思路？

在语文和英语上，可以拓宽思路，发现事物的多面性；在数学和科学上，可以经常性地进行一题多解训练，解题能力一定会大大增加。

例如：在数学应用题上，常常会有多种解题思路，不仅要会其中一种思路，更要掌握多种思路。

做数学题时，你会及时反馈别的解题思路吗？请列举一题，并写下几种不同的解题思路。

陈景润和华罗庚的及时反馈法

数学家陈景润和华罗庚，几乎人人皆知。让我们来看一个他们的故事，感受他们每次进步后的及时反馈，就像游戏中的即刻奖赏一般。

陈景润先生在厦门大学教书时，同事发现：晚上陈景润房间里的灯常常一会儿开、一会儿关，很奇怪。后来他们才知道，开灯的时候，他在看书；关灯的时候，他在回忆、默想刚学的知识。他这样做就是在做及时反馈，“看”的时候是学习，是输入，而“想”的时候是在做及时反馈，是输出，是在感受自己当前的进步。这是一个正反馈回路，这种成就感和玩游戏中即时获得积分是一样的道理。

数学家华罗庚先生有熄灯之后也能“看书”的习惯。他当然没有什么特异功能，只是在头脑中进行及时反馈。他时常在灯下拿来一本书，看着题目思考一会儿，然后熄灯躺在床上，闭目静思，开始在头脑中做题。他碰到难处，再翻身下床，打开灯看一会儿书，马上把学习中遇到的问题反馈给自己。就这样，一本需要十天半个月才能看完的书，他一两夜就看完了。

学习方法是因人而异的，但学习的底层逻辑与规则是有共性的。及时反馈在陈景润和华罗庚这里有奇妙的效用，相信在你身上也能产生同样的效果。

不要小看环境效应

假如你在学习的时候，有人说话、弄出很大的翻书声、念课本上的知识，甚至跑动发出很响的动静，你还能好好学习吗？假如你在认真做作业，你的朋友在旁边兴奋地玩游戏，你还能好好做作业吗？好的学习环境非常重要，它能够营造一种氛围，对我们的学习兴趣、学习动力和学习成绩产生很大的影响。

❶ 我们的问题

我们总是容易受环境的影响，没有一个安静、明亮、安全的学习环境，我们的注意力就不能够集中；特别容易分心，看见旁边的爸爸、妈妈、同学、朋友在说话或玩，就总想加入他们。

❷ 我们的误区

误以为换个好环境就能自动提高成绩，但是忽略了一个重要的事实：成绩的提升更多取决于我们如何利用现有的资源。

❸ 学霸的做法

学霸在学习中会注重“环境效应”，也就是利用周围的学习环境帮助自己提高成绩。他们会选择安静、整洁的地方学习，避免干扰，集中注意力。同时，他们会和积极向上的同学一起学习，相互鼓励，共同进步。学霸还会调整自己的作息时间，保证充足的休息，以保持精力充沛。

学霸的环境效应学习法

第1种：家庭环境

我们在家里写作业或思考的时候，喜欢坐在安静、整洁、明亮的地方，在这样的环境中，会感觉心情很平静舒畅，思维也敏捷了很多。而在一个比较嘈杂的环境中，我们会变得比较敏感，情绪波动会比较大，注意力自然就很容易分散。

例如：要求有一个安静的学习空间，让家里人在自己学习的时候保持安静，不要打扰我们学习。

你的家庭环境怎么样？你想让爸爸妈妈怎么帮助你呢？

第2种：学校环境

学校是学习的场所，学习氛围浓厚，还有老师和同学可以求教，以及比较充裕的学习材料和资源。尤其是在好的学校，周围的学生都在学习，会形成积极向上的学习氛围。

例如：坐在窗明几净、书声琅琅的教室里，周围又有一起学习的同学，我们会更有学习动力。

你喜欢自己学校的学习环境吗？

第 3 种：交友环境

俗话说："近朱者赤，近墨者黑。"良师益友不仅可以帮助我们答疑解惑，提高自己的能力和素质，不断完善自己，还可以为我们提供宝贵的建议。不好的朋友会把我们带入歧途。

例如：有些同学的朋友会和他们相互鼓励，一起努力学习；有些同学的朋友会叫他们一起打游戏，一起不做作业。

你会为交到优秀的朋友而做哪些努力？

跟着学霸学方法

北大保安是学霸——环境对人的影响

过去20年，北京大学保安队先后有500余名保安考学深造，其中大部分是大专，少量本科，还有12名研究生。有的人在研究生毕业之后，当上了大学老师，有的人进入了知名企业工作。

这些保安真的有过人之处吗？也许有，也许没有。但一个不容置疑的事实是，他们工作的场所——全国顶尖的高校，为他们提供了极佳的学习环境和氛围。

北大保安姚某住的地下室宿舍一共有8个人，其中6个人一有业余时间就去学校听讲座、上自习。受他们影响，他在工作之余读了中国人民大学的行政管理专业自考本科，未来计划考硕士。王某也是北大保安，他以前不太喜欢学习，但是到北大当保安之后，被这里的氛围所感染，养成了一有空就看书的习惯，虽然还没有参加自学考试，但是他一直在坚持自学英语。类似的故事还有很多。

北大的学生透露，不少保安在暗中观察学生是“怎么学习的，在看什么书”。他们经常能看到保安在抄北大的课程表。周末书市上，也经常可以看到保安在购买二手书。

环境对一个人的影响是很大的，千万不要小看环境，在学习上，一个好的环境可以让你更容易取得进步。

千万别陷入这些学习陷阱

你有没有想过，为什么自己很努力地学习，结果却不尽如人意？因为你没有正确的学习意识，连自己都不知道已经掉入了学习陷阱。虽然大家都有同样的学习时间，用的是同样的学习材料，甚至老师都一样，可学习意识的差别，让你和学霸的学习过程出现了很大的差异，最终导致学习成绩的天差地别。

1 我们的问题

总是用“学习意识不到位”来形容自己，但是不知道到底是什么意识不到位。心中没有学习意识的概念，问题就很难解决。

2 我们的误区

常常忽视学习中的关键意识，本能地不把学习意识当回事。这导致我们不能有效提升自己的学习能力，最终陷入“做题多但不懂”的困境。

3 学霸的做法

比起别人的评价，学霸更在乎怎么提高学习效率。他们会反思自己的学习轨迹，搞清楚自己面临的学习上的陷阱有哪些，并在日常学习中避开这些陷阱，高效学习。

八大学习陷阱

陷阱 1：题海战法

题海战法是最为常见的学习陷阱。很多人觉得成绩没有提高，是自己刷题刷得太少。而重复地刷题，不动脑思考，只会让你停在原地，没有什么进步。

你试过题海战法吗？

陷阱 2：不认同老师

假如你觉得老师讲的自己都会了，没必要再重复听讲了，那就错了。根据对历届高考第一名的调查，其中超过 90% 的人都非常重视听讲，他们不会觉得自己会了，就可以在课堂上做别的事情了。

陷阱 3：熬夜学习

你白天上了一天的课，晚上做完作业后，还要学习很久，觉得这样才能提高成绩。或者你做题速度很慢，作业要写到很晚，导致很晚才能睡觉。

你认为应该如何避免熬夜学习呢？

陷阱 4：闭门造车

沟通对于学习是非常重要的，简单的基础知识的复习和整理，可以一个人进行。但是遇到不会的难题，可以和老师、同学交流经验，会达到事半功倍的效果。

遇到不会的题，你会怎么处理？

陷阱 5：拼命三郎

有的学生很用功，甚至放弃休息和娱乐的时间，全部用来学习。做不到劳逸结合，学习的效果就会不理想。

你认同“拼命三郎”的做法吗？为什么？

陷阱 6：过于看重分数

有些同学非常害怕考试，觉得分数比什么都重要，越是这样的心态越难考好。他们考完总是纠结分数的高低，不去查找问题，这样永远不能进步。

假如你没考到理想的分数，你会怎么做？

陷阱 7：一味地钻研难题

万丈高楼平地起，没有基础知识，哪来的做难题的能力。如果基础知识还没有学会，就一味地做难题，就会导致基础没有巩固好，难题也做不出来。学霸都是首先要求自己基础分一分不能丢，在确保基础题做对的前提下，才去攻克难题。

你觉得基础题和难题哪个更重要？为什么？

陷阱 8：没有整体观念

每节课由若干个知识点组成，每个单元又由若干节内容组成，所以要有整体意识，不能只抓某些知识点，整体观念是把知识由点连成线和面，使我们能够更好地理解、记忆知识。

跟着学霸学方法

学霸的6个学习意识

我们的行为受自己意识的影响，甚至是由意识来决定某一件事情要不要做，值不值得做。不同的意识会决定不同的行为，而不同的行为会导致不同的结果。你有没有想过，学霸们有哪些良好的学习意识？

总分意识：中考或高考的总分成绩决定了你未来可以选择的高中和大学，因此，考试不是单科成绩的竞争，而是综合能力的体现。所以，你要均衡发展各科成绩，对于偏科的科目，要投入更多的时间。

反馈意识：学习过程中遇到的问题要及时反馈，通过不断的反馈，你可以取得更大的进步。

劳逸结合意识：学习时需要专注，也要注意身心的平衡。你要保持身心健康，合理安排学习和休息时间，避免过度劳累。

超前意识：永远领先别人一步甚至多步，提前预习和完成练习题，加快学习进度，也能提高学习成就感。

合理分配意识：要合理分配精力，学习时要全力以赴，同时要避免无效的努力。

框架意识：知识点之间不是孤立的，学习新知识时应和旧知识建立联系。你要学会搭建知识框架，不断完善知识体系，提高学习和应用知识的效率。

你要把这6个学习意识牢记心中，保持动机，并长期坚持运用到学习中，这样才能取得更好的成绩。

图书在版编目（CIP）数据

如何让孩子主动学习：这才是有效的刻意练习 / 圆爸旭旭著 . -- 北京：台海出版社，2025. 7. -- ISBN 978-7-5168-4268-3

Ⅰ . G791；G78

中国国家版本馆 CIP 数据核字第 2025S69L32 号

如何让孩子主动学习：这才是有效的刻意练习

著　　者： 圆爸旭旭

责任编辑： 魏　敏　　　**封面设计：** 尚世视觉

出版发行： 台海出版社

社　　址： 北京市东城区景山东街 20 号　**邮政编码：** 100009

电　　话： 010–64041652（发行，邮购）

传　　真： 010–84045799（总编室）

网　　址： www.taimeng.org.cn/thcbs/default.htm

E – mail： thcbs@126.com

经　　销： 全国各地新华书店

印　　刷： 三河市龙大印装有限公司

本书如有破损、缺页、装订错误，请与本社联系调换

开　　本： 710 毫米 ×1000 毫米　1/16

字　　数： 105 千字　　**印　　张：** 10

版　　次： 2025 年 7 月第 1 版　　**印　　次：** 2025 年 9 月第 1 次印刷

书　　号： ISBN 978-7-5168-4268-3

定　　价： 49.80 元

青蓝